決定版

金利が上がるとどうなるか

What happens if interest rates rise?

金融データシステム代表
角川総一
Soichi Kadokawa

はじめに

　日本は「金利のある世界」へ一歩踏み出しました。30年以上にわたって金利を極端に低く抑えていた日銀が、2024年、ついに動いたのです。

　3月にゼロ金利を解消し、7月には政策金利を0〜0.1%から0.25%へと引き上げました。直接のきっかけは物価上昇率が2%を維持する見通しが立ったことと、2023〜24年の日本企業の賃上げ率の上昇です。長年のデフレ経済からの脱却の兆しが見えてきたと判断したのです。

　これを受け、すでに住宅ローンや預金金利が引き上げられつつあります。新規の住宅ローン利用者や変動金利型ローンの既存利用者は、利息負担の増加を実感し始めています。一方、預貯金金利の上昇はまだ緩やかですが、今後着実に上がっていくでしょう。

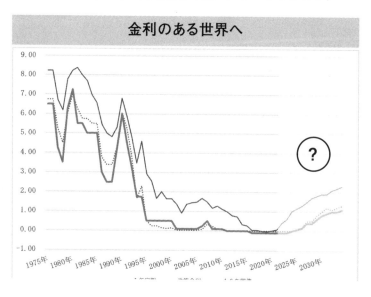

「金利のない世界」は異常事態だった

日本経済は今明らかに「金利のある世界」へのゲームチェンジを迎えています。

過去30年以上、私たちは金利がほぼゼロという異常事態を経験してきました。預金金利はゼロ、変動金利型住宅ローン金利は1%未満、企業向け貸出金利は1%以下という状況が続いてきたのです。これは世界史上でも類を見ない事態でした。

この「金利のない世界」が長く続く中で、日本経済は大きな構造変化を遂げました。

経済規模は世界第4位に後退し、2025年にはインドに抜かれる見通しです。賃金や物価の長期停滞により、日本の平均賃金は韓国にも抜かれ、物価の国際的な相対比較でも日本の「安さ」が際立つようになりました。また、かつて巨額の貿易黒字を稼いでいた日本の産業競争力も低下し、貿易収支は恒常的な赤字に転じています。

金利が上がると私たちの生活にどう影響するか

これから本格化する金利上昇の影響は、特に**住宅ローン利用者**に顕著です。たとえば、借入金額4000万円、30年の住宅ローン金利が3%から4%に上がると、**支払総額は大幅に増加**します。月々の支払いも数万円単位で増えることになります。

一方、預貯金金利の上昇は家計にとってプラスとなります。500万円の預貯金を持つ家計は、金利が0%から1%に上がれば、年間4万円の利子収入増となります。

日本全体では、**家計が持つ1000兆円の預貯金の年間利子が1%**

の金利上昇で**8兆円増加**し、これは消費税3％分に相当する経済効果を持ちます。つまり、消費税が7％に減税されたに等しい効果があるのです。

　財政への影響も無視できません。長期金利が1％上がると、一般会計予算の**国債利払い費は2.5兆円増加**します。これは消費税1％に相当し、防衛費や文教科学予算の半分に匹敵します。こうした義務的経費の増加は、年金、医療、介護などの他の予算にも影響を及ぼすのは必至です。

　さらに、金利変動は円相場にも強い影響を与えます。
　日米の金利差が拡大すれば円安が進み、縮小すれば円高に振れます。これが日本の物価を左右し、輸出企業の採算を変動させ、外国人観光客の動向を左右します。

　私たちは株価や円相場の情報には日々接していますが、金利についての情報は極めて手薄でした。しかも、過去30年以上にわたってほぼゼロだったのです。私たちは動かないものには気付きようがありません。つまり、**金利の存在をほとんど忘れかけていた**のです。これがこれまでの「金利のない世界」です。

「金利のない世界」よさようなら、「金利のある世界」よこんにちは

　金利の変動は、個人の生活から国家経済まで、幅広い範囲に影響を及ぼします。住宅ローンの返済額や預金の利息といった身近な問題から、企業の投資判断、国の財政政策まで、あらゆる経済活動に関わってきます。これまで当たり前のように存在していた「金利のない世界」から**「金利のある世界」への移行は、私たちの経済感覚や行動様式を大きく変える可能性があります**。金利という、一見すると小さな、％レベルの数字の変化が、私たちの生活や社会全体に大きな影響を与えることを、今一度認識する必要があります。

　本書は、金利についての初学者でも理解しやすいよう、専門用語を極力避け、図表を豊富に使用しています。金利の基礎知識や経済社会での機能、メカニズムなどを分かりやすく解説しています。読者の皆様が、金利変化が私たちの生活や経済に与える影響の大きさを実感し、新たな気付きを得られることを願っています。

　「たかだか0.5％の金利の変化でも私たちの生活はこんなに変わるんだ」「財政や企業行動にもこんな大きな影響を及ぼすんだ」。
　本書を読んで、多くの読者の方々がこんな気付きを得てもらえれば、著者としてとてもうれしく思います。

2024年8月吉日

はじめに

序章　「金利がある世界」がやってきた！

1. 「金利ある世界」へ日本もいよいよ突入した！ ……………… 14
    実は以前から上がっていた長期金利
2. 世界的なインフレは実は日本より2年も前に始まっていた …… 17
    40年ぶりの世界的インフレ
3. 米国の連続利上げがもたらしたこれだけの影響 …………… 22
    米国不動産市場の鈍化、株価下落／顕著だった新興国経済への影響／大幅な円安を通じて日本にも打撃
4. 金利が上がれば私たちの暮らしはどうなるか ……………… 26
    どこまで金利は上がるのか
5. 金利を見ない資産運用なんて危険極まりない！ …………… 32
    金利は経済・社会を先取りして動く

1章　はじめての人のための金利の話

1. 金利って何を思い浮かべますか？ …………………………… 36
2. お金の貸し借りとは、現在のお金と将来のお金のバーター(交換)である 40
3. 金利はどんな機能を担っているのか ………………………… 43
    1, 需給バランスが金利を決める／2, 資金過不足の調整機能／3, 金利は世の中のお金の動きをコントロールする
4. 金利の変動は世の中のお金の動きを変える ………………… 48
5. 日銀はこうして政策金利を決めていた ……………………… 52
    市場での資金過不足調整がインターバンク市場の基本機能

| 6 | 政策金利とは「誘導目標水準金利」のことだった | 54 |

　　市場で資金の過不足が生じるプロセスは大別すると2つ
　　　　日銀は金利、民間の資金量を直接コントロールできない　60

| 7 | 金利は雁行あるいは魚群である | 61 |

　　網の目のように絡まり合う金利体系

| 8 | なぜ金利の話はこんなにもとっつきにくいと人は思うのか？ | 65 |

| 9 | 高金利と低金利、お金の価値が目減りするのはどっち？ | 70 |

2章　金利は世界をこう動かす

| 1 | 金利は経済社会でとても大事な役回りを演じていた | 74 |

　　金利はインフレ率や成長率と密接に関係する

| 2 | その昔、預貯金金利は政府、日銀が決めていた | 80 |

　　銀行の破綻と一般企業の破綻は意味が違う／預貯金金利が自由に
　　決められるようになった理由

| 3 | 「金利が上がればどうなるか」各当事者で考えると | 85 |

| 4 | 個人、企業、政府は金利が上がれば得する／損する？ | 88 |

| 5 | 金利上昇による家計、企業への影響は様々 | 91 |

　　家計は2％の金利上昇で4.3超円の受け取り超過
　　利上げに弱い企業、強い企業

| 6 | 財政と金利を考える | 95 |

| 7 | 景気が良くなれば日本の財政問題は片付くのか？ | 99 |

　　予算の3割を債券でまかなうのは景気が悪いから？／景気が良く
　　なっても、債券への依存は変わらない

| 8 | 良い金利上昇と悪い金利上昇 | 102 |

| 9 | なぜ日本の金利は上がらなかったのか ················ 105

1，物価が上がらないから／2，経済成長が低いから

3章 私たちをとりまく金利と景気・政策・為替

| 1 | 金利を動かす3大原因とは？ ························ 110

1，物価／2，国内景気動向／3，外国為替

| 2 | 物価が上がれば金利が上がる ························ 114

どうして預金しなくなると金利が上がるのか

| 3 | 景気の好不況と金利 ······························· 118

景気がよくなり企業も個人も活動が活発だと…／景気が後退期に入ると……

| 4 | 為替相場の変動が金利に及ぼす影響 ··················· 122

円高と低金利はこうリンクする／金利が為替相場に与える影響は

| 5 | 株価も金利に対して重要な影響力を持つ ··············· 126

| 6 | 金利を取り巻くメカニズムに大異変が起こっている ······ 128

1，低金利が続いても景気は浮揚しない／2，景気拡大でも金利上がらない／3，金利引き下げでも物価は上がらず

　　低金利が続くと人は貯蓄を増やす！？　131

| 7 | 懸念され始めたゼロ金利長期化に伴う副作用 ··········· 136

預貯金金利がほぼゼロだと経済格差が拡大する／ゼロ金利下でゾンビ企業がはびこる／銀行の本来業務に支障

| 8 | 国内短期金利を日経記事で読む ······················ 140

| 9 | 長期金利の動きを読む ······························ 142

| 10 | 日本も影響を受ける海外金利の動きを読む | 144 |
| 11 | 目が離せない米国の経済統計データ３つ | 146 |

1，農業部門を除く雇用者数／2，消費者信頼感指数／3，ISM製造業景気指数

4章　金利と利回りの基礎

| 1 | 利回りはどのようにして誕生したか？ | 150 |

比率を考えるとわかる

| 2 | 金利はどんな役割を果たしているの？ | 153 |
| 3 | インカムゲインとキャピタルゲインを区別する | 156 |

安定性は収益の性質によって決まる

| 4 | 単利運用と複利運用 | 159 |
| 5 | 金利が高くなると複利での長期運用が有利 | 162 |

複利運用３つの定理

| 6 | １日複利で知る複利運用の絶大なる効果 | 165 |

今日の投資にも複利の効果が！

| 7 | 物価上昇率経済成長率計算にも使える複利計算 | 168 |

経済成長率をどう見るか

| 8 | 金利・利回りはプラスだけではありません | 172 |

「減価償却」を知っていますか
　　72の法則、そして67の法則　175

| 9 | 固定金利と変動金利 | 176 |

銀行の取り扱い商品は基本的に固定金利／変動金利の商品は／固定金利はリスクがない？

| 10 | 金利上昇期の運用は変動金利商品を選べ〈実践編〉 | 180 |

　　　金利上昇時は固定ローンを

| 11 | 名目金利と実質金利 | 183 |

　　　企業は借り入れに際して実質金利を重視する

| 12 | 期間設定で変わる日歩、月利とは？ | 185 |

　　　かつては頻繁に使われた「日歩」／質屋さんで今でも使われる「月利」

| 13 | 金利上昇期に債券ファンドを買うってあり？ | 189 |

| 14 | 金利は決まるものか、決めるものか？ | 191 |

　　　入札で決まる国債発行利回り／政策金利は「決める」／預金金利と住宅ローンは決める？決まる？

5章　金利の代表・債券の利回りを知る

| 1 | 私たちは知らないうちに債券を買っている | 198 |

　　　銀行や年金は債券で多くを運用している／買った金融商品が債券で運用されていることも／債券価格の変動は私たちの生活に影響を与える

| 2 | 債券の利回りがあらゆる金利の代表だ！ | 201 |

　　　債券利回りが一番自由だ／株より巨大な債券市場

| 3 | 債券はじめて物語〜手作りでもできる債券のしくみ | 204 |

| 4 | 国債、社債…債券の仕組みをざっくり知る | 206 |

　　　クーポン／償還期限／価格

| 5 | 預金は"預ける"、債券は"買う" | 209 |

| 6 | 債券から得られる2つの利益 | 212 |

| 7 | 新発債と既発債 | 215 |

新発債と既発債の違い／既発債って、あまり見ない気がするけど…

| 8 | 債券の最終利回り | 218 |

| 9 | 直利（直接利回り）って何？ | 221 |

最後まで持てない人のために

| 10 | 金利が上がると債券の価格が下がるのはなぜ？ | 224 |

「投資価値」≠「そのもの自体の価値」がポイント／価格と投資価値は真逆の関係にある

卵の生産性とニワトリの売値　228

| 11 | 債券は「元本保証だからリスクはない」は間違いである | 230 |

紙クズと化した戦時国債／インフレは借り手には好都合、貸し手は大損害／債券は満期まで取引価格は変動し続ける／企業保有の債券は時価評価

6章　これからの金利との付き合い方を考える

| 1 | 金利は長期が先行、短期が遅れるのはなぜか（期待利子率説入門） | 236 |

金利が上がる順序／予想が現実を変える

| 2 | 金利が変わる具体的な順序を見てみよう | 242 |

1, 10年国債⇒長期固定住宅ローン金利・企業向け貸出金利
2, 既発債利回り→新発債利回りの順で上昇
3, 政策金利⇒短期の預貯金・カードローン金利など

| 3 | イールドカーブ（利回り曲線）で金利を予想する | 247 |

| 4 | 長短金利逆転は景気悪化の前兆 | 250 |

| 5 | 債券のデュレーションって何？ | 253 |

デュレーション＝価格変動性

| 6 | 金利は長期が高い、という常識をぶっ飛ばせ！！ | 257 |

のどから手が出るほど資金がほしいと…／超低金利時代に出た「年率12％」商品のヒミツ

| 7 | 外貨建て商品の実質利回り計算 | 261 |

| 8 | 株式や不動産の利回り計算 | 263 |

配当利回り／株式益利回り／不動産投資の利回り

巻末資料　主要な財務係数一覧

1	財務係数を使って元本、期間、利率、元利合計の関係を知る	268
2	主要な係数（1）終価係数	270
3	主要な係数（2）現価係数	272
4	主要な係数（3）資本回収係数	274
5	主要な係数（4）年金現価係数	276
6	主要な係数（5）年金終価係数	278
7	主要な係数（6）減債基金係数	280

序章

What happens if interest rates rise?

「金利がある世界」がやってきた！

0-1 「金利ある世界」へ日本もいよいよ突入した!

> 世界の金利は2021年から上昇。
> 日本も過去30年にわたって続いてきた「金利のない世界」から離陸する。
> 明らかにこれまでとは違ったフェイズに入ってきた

　2024年3月、各種メディアが一斉に「17年ぶりの利上げ」を大々的に報じたのに続き、7月末には第二弾の利上げを実施しました。それまで日本銀行がマイナス0.1％に抑え込んでいた政策金利を0.25％に引き上げたのです。

　引上げ幅は計0.35％に過ぎません。しかし、これで過去30年にわたって続いてきた「金利のない世界」から離陸し始めたことだけは確かです。これから私たちを取り巻くあらゆる金利が上がることはほぼ間違いありません。

　この利上げと相前後して、固定金利型住宅ローンは上がり始めており、一部の銀行は短期の預貯金金利を引き上げました。

　日本の金利は明らかに、これまでとは異なったフェイズに入ってきたといえます。つまり「金利のある世界」に私たちは移行しつつあるのです。

実は以前から上がっていた長期金利

　2024年3月、7月の利上げ劇を、意外感を持って受け止めた人もあると思います。しかし、注意深く金利の動きを見ている人にとっては、これは予想された出来事でした。政策金利が引き上げられる1年以上も前から、金利の中では真っ先に動くことで知られる10年国債の利回りは徐々に上がり始めていました。国債とは税収不足などを補うために政府が発行する一種の借金証書のようなもの。これが市場で取引され、そこで成立する利回りがすでに2022年から上がり始めていたのです。

　そして、それに先んじて米国などの海外金利は上昇し始めていました。世界経済はすでに様々なルートを通じて密接につながっており、海外諸国の利上げが日本に波及しないわけはありません。ではその米国金利が上昇を始めたのはなぜでしょう。

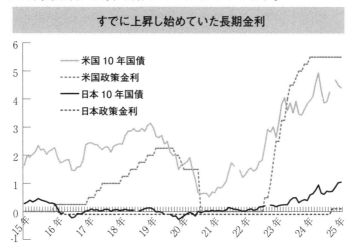

すでに上昇し始めていた長期金利

　最大の理由は、2020年ごろから世界中を席巻したインフレでした。原油、穀物、食糧、鉱物資源、さらには多くの半導体、部品そ

して各種製品や人件費、運送費などあらゆるモノ、サービス価格が波状的に上がってきたのです。

　こうした**物価上昇から経済を守るため、政府・中央銀行が金利引き上げ政策をとる**のは古くからの常套手段でした。金利を上げてお金を借りにくくし、それで消費や設備投資を抑えれば、モノ、サービスに対する需要が減り、物価全般を下げるという効果が期待されます。そして、その政策金利の動きを先取りするように、長期金利（代表が10年国債）の利回りが先んじて上がっていたのです。

　時系列で整理してみましょう。

> 世界的なインフレが勃発、それが経済に与える影響を緩和するために米国が利上げ（政策金利引き上げ）を検討

> それを見越して米国の10年国債の利回りが上がり始める

> 米国が政策金利引き上げ（利上げ）実施

> やや遅れて日本でも利上げを検討・それを先取りするように10年国債利回りが上昇

> 2024年3月、7月日本の政策金利引き上げ実施

　こうした流れの中で迎えつつある「金利のある世界」では、私たちの日常生活はあらゆる面で変化を余儀なくされます。もちろんビジネス社会でも実に様々な変化を体験することになるのです。

　さて、ではこの一連の利上げ劇の発端となった世界的なインフレとはいったい何だったのでしょう？

0-2 世界的なインフレは実は日本より２年も前に始まっていた

> 2022年に始まった日本の物価上昇。
> しかし世界では、その２年前から脱炭素、コロナ禍、賃金高騰、緩和マネーの出動等々、複合的な原因から世界的なインフレになっていた

0 「金利がある世界」がやってきた！

40年ぶりの世界的インフレ

　私たちの多くが日常の買い物を通じて物価が上昇し始めたことに気付いたのは、おそらく2022年のことでした。消費増税のときを除けば、ほぼゼロ近くで推移していた消費者物価が、2022年半ばには2％上昇、同年末には一時4％まで急上昇しています。

　これは、2022年2月に勃発したロシアによるウクライナ侵攻で、ロシア産原油や天然ガスの供給が減ったことが原因だと考えた人が多かったかもしれません。
　しかし、**実は日本の物価が急激に上昇し始める２年も前からすでに、世界ではインフレの嵐が吹き始めていた**のです。
　つまり40年ぶりと評される今回のインフレは、ロシアによるウ

クライナ侵攻といった単一の理由によるものではなかったのです。

　時系列で見ると、以下のような複合的な原因が、折り重なるように相次いだのです。

① 脱炭素に向け世界各国の政策協調が本格化
　2015年12月、パリで開催されたCOP21で採択された「パリ協定」は、地球温暖化対策における画期的な国際的合意でした。これを機に、世界各国は石油依存からの脱却を加速させ、太陽光、水力、風力などの再生可能エネルギーへの転換を本格化させました。
　そこで世界各国の原油掘削、精製などへの投資が減少、生産量も減少。これが、**世界的な原油不足をもたらし、原油価格の上昇を招いた**のです。

② コロナ禍で世界の物流が停滞、供給が細る
　2020年に世界中を覆った新型コロナショックで各国が相次ぎ国境を封鎖、都市のロックダウンを実施したため、国際的な物流網が機能不全に陥りました。この結果、世界中の多くの産業で**深刻な供給不足が発生**、インフレを招きました。

　さらにその後コロナが小康状態に入り、産業が回復するにしたがい、設備投資や**個人消費の需要が回復した一方で、供給量は伸びません**でした。これが物価上昇に拍車をかけることになりました。

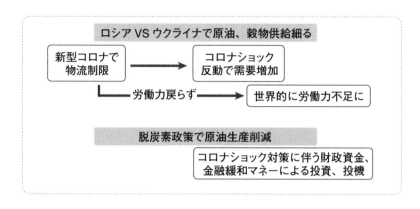

③ 労働力不足で賃金が高騰、物価高に

　コロナパンデミックで離職した人々が職場に復帰する動きは鈍く、高年齢労働者の多くが早期リタイアしました。また、在宅勤務を経験した労働者も多く、柔軟な働き方を求めて転職や独立を選ぶ人も増えました。これらの要因が重なり、多くの産業で深刻な人手不足が発生。そこで人手を確保したい企業は賃金を引き上げ、これが消費を刺激したことも物価上昇を促しました。

　2022年にはこの賃上げは日本ではまだ本格的な動きにはなっていませんでしたが、米国など海外諸国ではすでに広くみられる現象でした。

④ 蓄積された緩和マネーの出動

　コロナショックへの対応として、世界各国は財政支出を拡大、また中央銀行は例を見ない規模の緩和策を実施していました。個人への給付金、事業者への各種補填金や事業支援金がそれです。このため、**民間には大量のマネーが滞留**していたことも、この時期の世界

的インフレに拍車をかけました。

　つまり、2021年に**コロナショックが一段落すると、この巨額のマネーが一斉に動き出した**のです。株式市場やコモディティ（商品）市場への資金流入が加速し、原油や各種資源、農産物などの価格が急騰したのです。

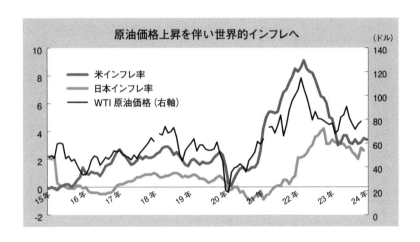

⑤ ロシア産原油・天然ガスの供給が途絶

　2022年2月下旬、ロシアによるウクライナ侵攻が勃発。これに西側諸国が反発して、ロシアからの原油、天然ガスの輸入を大幅に削減、禁止したことで、原油等のエネルギー源の供給が減少。特に、ロシアからのパイプラインガスに大きく依存していた欧州では、エネルギー危機とも呼べる状況が発生しました。

　さらに、世界の穀倉地帯でもあるウクライナ各地が戦場と化したことで、小麦の生産が減り、流通が制限されたため小麦価格も高騰、これに伴い多くの穀物価格も上昇しました。そしてそれが日本にも

波及したことは多くの方の記憶にある通りです。

　以上のような、多くの要因が重なり合って、世界は40年ぶりの本格的なインフレを経験することになったのです。

　これだけ複合的な要因が折り重なったインフレであるだけに、その根は深く、収束するには相当の時間を要すると予想されます。日本でも、インフレと金利上昇という過去30年以上経験してこなかった新しい時代が始まろうとしているのです。

0-3 米国の連続利上げがもたらしたこれだけの影響

> いち早く始まった米国国債ならびに政策金利の利上げは、米国内での住宅市場や株価市場に打撃を与えただけでなく、新興国経済そして日本経済にまで負の影響を与えた

2020年半ばから始まった米国の長期国債金利の上昇と、2022年からの政策金利の連続的な引き上げは、その後の米国経済および世界経済にどんな影響を与えたのでしょう。

米国不動産市場の鈍化、株価下落

2022年3月に0.25％の利上げを開始して以降、米国の中央銀行であるFRBは2023年7月までに計11回の利上げを行い、政策金利は5.25〜5.50％まで上がりました。これは2001年以来の高水準です。

この急速な金融引き締めは、むろん米国経済に様々な影響を与えました。特に顕著だったのが住宅市場への影響です。代表的な住宅ローンである30年固定金利は2023年10月には7.79％まで上昇、

2000年以来の最高水準を記録しました。

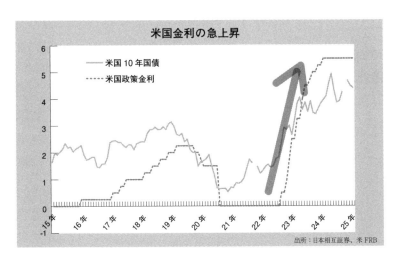

これにより 2023 年の**住宅着工件数は前年比 9.3% 減**の約 127 万戸と急減、中古住宅販売件数も前年比 18.7% 減の約 415 万戸まで落ち込みました。

もちろん金利の引き上げは、株式市場にも大きな影響を及ぼしました。2022 年中に **S&P500 指数は 19% 下落**、ハイテク銘柄が多い**ナスダック総合指数は約 33% も下落**しています。特にテクノロジー株の下落率が大きく、FAANG 銘柄 (Facebook、Amazon、Apple、Netflix、Google) といったそれまで米国株を先導してきた銘柄の下落が特に目立ったのです。

小型株も大きな打撃を受け、ラッセル 2000 指数（小型株指数）は 2022 年に約 21% 下落しました。これは、とくに小型株が金利上昇や経済不安に対して脆弱であることを示しています。

これに伴い、2022 年には株式投資信託からの資金流出も加速し

ています。投資家がリスク資産から資金を引き揚げ、より安全な資産へとシフトしたためです。

顕著だった新興国経済への影響

　もちろん、米国の利上げの影響は米国経済にとどまるものではありません。特に深刻だったのが、新興国経済への影響でした。高い米国金利に惹かれて新興国から米国へ資金が逆流したのです。

　これが**新興国の為替相場を下落**させたことでインフレ率を引き上げ、まだ脆弱な個人消費、企業経営にダメージを与えたことは言うまでもありません。

　このインフレによる打撃を回避するためにブラジルやインドなどは相次いで利上げを実施、これにより経済成長率も一気に鈍化したのです。

　IMF(国際通貨基金)のデータによると、新興国・発展途上国の実質経済成長率は2021年の6.8%から2022年には3.9%、2023年は4.0%へと落ち込みました。

大幅な円安を通じて日本にも打撃

　一方、日本も大きな影響を受けたのですが、それは主に為替相場の変動を通じたものでした。

　米国の急速な金利上昇に伴い、為替市場では一気に円安ドル高が進行。2021年初めには1ドル=103円程度だった為替レートは、同年10月には151円台という、**32年ぶりの円安水準を記録**しました。

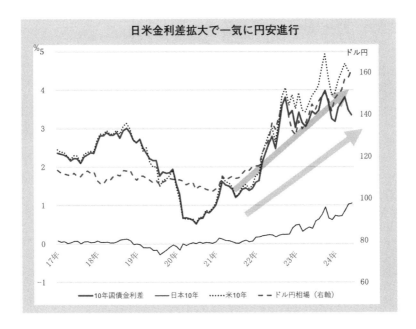

　これにより輸入物価が上昇、2022年12月の全国消費者物価は前年比4.0％上昇。1981年12月以来、41年ぶりの高い上昇率を記録しました。

　円安による輸入コストの上昇の影響を大きく受けたのがサービス業を多く含む中小企業でした。この時期は、コロナショックによる人流制限などをまともに受けたことと相まって、中小企業の業績が急落しています。一方では、円安を追い風に自動車、機械、半導体製品などの輸出企業の業績は大幅に改善しました。つまり**サービス業中心の中小企業と、メーカーが多い大企業の業績の格差がさらに拡大**することになったのです。

0-4 金利が上がれば私たちの暮らしはどうなるか

> 長く金利はないも同然のものとして認識されてきたが、ここに来て上昇してきたことで、私たちの投資行動や生活に大きな変化を与えることは間違いない

　金利の上昇は私たちの生活を直撃します。しかしお金の運用、借入れに伴う収益、採算を変えるだけではありません。実に様々なルートを通して私たちの生活、仕事、企業経営、国の財政などを取り巻く環境を大きく変えていくのです。

　では、これからの「金利のある世界」ではどんな変化を想定しておけばいいでしょう?

① 預金・投資行動の変化

　今後、金利が本格的に上昇すれば、安全性の高い預金や債券の魅力が相対的に高まります。年利2%で1000万円を預ければ、**リスクなしで年間20万円（税引き前）の収入**が得られます。これは、多くの人にとって魅力的な選択肢となります。

　つまり、運用利回りが金利で示されている預貯金や債券などの資

産の魅力が高まるために、それ以外の金融資産から**預貯金、債券へ資金シフトが起きる**可能性が高いのです。これは多くの個人にとって金融資産の選択肢が広がるということでもあります。

② 多くの債券ファンド価格が下落

しかし、注意しなければならないことがあります。それは金利の上昇によって**既存の債券の価格が下がる**ことです。その詳細は5章で述べますが、少なくとも金利が上がるときには債券の価格は下がるのです。

ということは、現在債券を、あるいは債券で運用されている多くの投資信託を保有している人は多くの場合、その**資産価値の下落**に直面することになることには注意が必要です。

③ 住宅ローン返済の負担増

変動金利型の住宅ローンを組んでいる人々にとって、金利上昇は**月々の返済額の増加**を意味します。たとえば、期間30年で4000万円の住宅ローンを組んでいる場合、単純計算すると金利1%の上昇で年間の返済額が20数万円増加します。これは、確実に**家計を圧迫**します。

あるいはこれからローンを利用して住宅を取得しようとする人は、ローン金利の上昇で支払利息が増えることを回避しようと、借入額を計画より減額する可能性があります。この場合、それだけ小規模な住宅取得になるわけですから、これは個人の**住宅投資を抑制し、経済成長率を引き下げ**ます。

④ 年金・保険商品の変化

　金利上昇は、年金や保険商品にも影響を与えます。キーワードの1つは「**予定利率**」です。

　予定利率とは、保険会社や年金運用者が「どの程度の運用収益を期待できるか」を示す指標です。それにより、受け取れる年金額に対する保険の掛け金を決める重要な要素です。金利が上がると、それに合わせて予定利率も引き上げられるのが基本です。つまり**予定利率が上がると、受け取れる保険金が同じなら掛け金が安くなる**わけです。逆に言うと、同じ保険金額を受け取るために必要な掛け金が減少するのです。

⑤ 企業の資金調達コスト増加

　もちろん金利上昇は企業にも大きな影響を与えます。まず単純に、**借り入れコストが増えるために企業利益は減る**ことが1つです。さらには企業の借入れコストが増加するため、投資判断がより慎重になる可能性があります。

　新規開店や新規事業などのプロジェクトで期待される利益率が5％の時、借入金利が3％なら採算に合います。しかし金利が7％になれば、この投資には慎重にならざるを得ません。当然、新たな人材の雇用に対しても消極的になるでしょう。つまり、企業の新たな事業展開へチャレンジする意欲が削がれるため、経済成長のペースが鈍化、あるいは後退する可能性が高くなります。

　ただし、個別企業ごとに見ると企業によっては借入金がほとんどない一方、現金・預貯金のほか債券などで巨額の運用を行っている

企業があることには注意が必要です。このような実質**無借金経営の企業にとっては、以上のような金利上昇による借入れコスト増大が企業収益を圧迫することはありません。**

⑥ 株価への影響

　以上のように企業収益が縮小、あるいは新規事業へのスタンスが消極化することは**株価にはマイナス要因**として働きます。ただし、金利上昇が株価に対して与える影響をもう少し細かく見ると、留意しておいたほうがいいことが2つあります。

　1つは、成長株と割安株への影響度が異なることです。
　ハイテク、先端産業に多く見られる**成長株**は、将来の成長性が評価され、現時点での企業の業績・収益力に比べ、株価が割高になっています。そのため、金利上昇でこれから業績が下がると予想される時には、その**割高が修正**されるわけです。つまり下げ幅が大きいのですね。
　その点、将来の成長にあまり期待が持てない**割安株**は、もともと現在の企業業績を基準にすれば割安に評価されているので、金利上昇に伴う**マイナス効果はそれほど大きくない**のです。

　2つ目は、金利上昇期には**銀行株はほかの多くの銘柄とは逆行、むしろ上がる**ことが多いことです。金利が上がるときには預金金利よりも貸出金利が先に上がるのが常です。このため、一時的にせよ預金金利と貸出金利の差が拡大し、収益は増加します。また、金利水準が高い時期の方が、その金利差が大きくなる傾向があります。

⑦ 為替レートへの影響

　金利上昇は、為替レートにも影響を与えます。金利が上昇すると、一般にその国の**通貨価値が上昇**する傾向があります。

　日本の金利が 1% 上昇し、アメリカとの金利差が縮小すれば、**円高・ドル安が進む**可能性があります。これは、日本の輸入企業にとってはコスト減少というメリットがある一方、輸出企業にとっては収益の減少を意味します。

　逆に、米国金利が上昇する一方で日本の金利が動かなければ、円安・ドル高が進むことは前項で説明した通りです。日本は原油などのエネルギー源はもちろん鉱物資源や食糧、飼料、肥料などの多くの原材料を海外からの輸入に依存しています。このため、為替相場の変動は日本の経済にとても大きな影響を与えます。

　実際すでに 2024 年早々から、急速に円安が進んだために輸入物価を中心に値段が高止まり、生計を圧迫したことは私たちが肌身で体験しつつあることです。

⑧ 国の財政への影響

　日本は **1000 兆円を超える国債残高**を抱えています。金利が上昇すれば、新しく発行する国債の金利を引き上げざるを得ず、それによって利子払いの費用が増加します。金利が **1% 上昇すると、年間 3 兆円程度の追加負担が生じる**可能性があると試算されています。これは、社会保障費や教育費など、他の重要な政策のための予算を圧迫する可能性があります。この点については 2 章で詳しく説明します。

このように、金利が上がれば個人の日常生活はもちろん、企業経営、ビジネス、各種金融商品の優劣や国家財政にまで、様々な影響を与えます。

どこまで金利は上がるのか

さて、2024年3月、7月と2回に分けて利上げを開始した日銀。これから数年間にどこまでの利上げを見込めばいいのでしょうか。エコノミストが予想する日本金利の上昇のメドは、2025年末までに、**短期金利（政策金利）で0.5〜1.5%**、**10年国債利回りで1.5〜2.0%**程度です。

しかし、これから米大統領選挙いかんで大きく変わる米国の経済政策、またそれに伴ってドル円相場がどう動くか？　あるいはロシアのウクライナ侵攻やイスラエルとパレスチナ・ハマスの戦線の行方はどうなるか？

これらの不透明要因が多くあるだけに、インフレが長引き、**金利は予想を超えてさらに上がる可能性もある**と見た方が良いでしょう。

これからの時代、私たちは今まで以上に金利の動きに注意を払っていく必要があります。

0-5 金利を見ない資産運用なんて危険極まりない！

> あるレベル以上の株式投資をしている人だったら、金利の動きは必ずチェックしているもの。FXをしている人なら、米国の10年国債利回りはチェックするのは常識。「私は見てないわ」というならモグリだって言ってもいいくらいだ

　2020年半ば、米国10年国債の利回りが急に上昇し始めました。1年足らずで1％も上がったのです。国債とは、国がお金を調達するために発行する借用証書のようなものであり、毎日、売り買いされ、そこで価格そして利回りがつきます。そしてそれが日々目まぐるしく動きます。

　そのときに付いた利回りが、あらゆる金利のなかでも最も大事な金利なのです。詳しくは1章以下で話しますが、とりあえずここでは「債券の利回りを見てなきゃ、株式や為替の投資もできないし、世界そして日本が置かれている経済社会を読むことなどできっこない」というくらいの予備知識があれば十分です。

　こういうと「そんな米国の国債利回りが上がったことで何がわかるの？」。当然の疑問でしょうね。結論から言うと、**アメリカの金融政策の方向が劇的に変わるらしい**ってことがピンとくるのです。

そしてそれが、その後の世界ひいては日本経済を大きく揺さぶっていくことになるのです。

金利は経済・社会を先取りして動く

2020年半ば、米国の長期金利が一気に上昇し始めたころ、市場ではちょっとしたパニックが起きました。その前後から、日米の株は調子が変調気味でした。そしてその後円安が一気に進んだのですね。グラフにある通り、特に2022年になってから米国国債利回りの上昇ピッチが速まり、ドル円相場が急変しています。

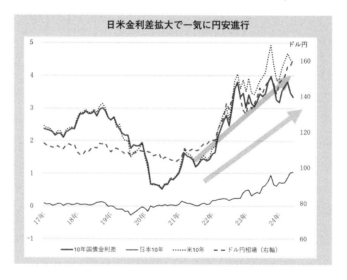

日米金利差拡大で一気に円安進行

それだけではありません。日本でもガソリン価格はどんどん上がっていきました。米国金利が上がる直前の2021年2月には1リッター135円くらいだったのが、その後2022年初めには170円まで上昇。その原因の1つは、先に触れた急激な円安でした。そ

してそれをもたらした主因は、米国金利の急上昇だったのです。

　つまり、**米国金利が上昇し始めたときにはすでに円安⇒日本の物価上昇は予測できた**ことでした。詳しい理由は3章で説明しますが、米国金利の急上昇は円安を招き、それが日本のインフレ率を高めることは当然だったのです。

　念のために言っておきますが、この時点ではまだロシアのウクライナ侵攻は始まっておらず、イスラエルのガザ侵攻も起きていないし、それにイランが関与するという事件も起きていません。これらの地政学的な不安による原油価格上昇以前のことだったのです。

　つまり**金利は、その後の経済・社会の変化を先取りして動く**のです。逆に言うと、金利を見ずして、世界そして日本の経済の大きなうねりに気付けないことがとても多いのですね。

　米国の金利が上がってきたので当面、株はちょっとやばいかもしれないとか、米国不動産市況が変調をきたす。あるいは円相場が下がり、それが日本へのインバウンド消費を増やすかもしれないっていうことなどは一例にすぎません。

　2024年半ば、日本の国債利回りが着実に上がり始めています。「日本国債のクーポンが17年ぶりに1％台に」と報じられたのは2024年7月のことでした。とともに固定金利住宅ローンの金利も散発的に上がり始めています。これは、日本の金融政策が明らかにこれまでとは違ったフェイズに入りつつある何よりの兆候です。

　国債の利回りは、何よりも早く日銀の金融政策を先取りしながら動きます。ということは、今後の住宅ローン借入れや、不動産投資や金、株式への投資タイミングを計るためにも、また銀行借り入れ交渉を行うに際しても、金利の動きからは目を外せないのです。

1章

What happens if interest rates rise?

はじめての
人のための
金利の話

1-1 金利って何を思い浮かべますか?

> 金利とは、お金の貸し借りという経済の潤滑油の働き方を決定づける、とても重要な要素だった

　一般的に金利と言えば
「1年定期預金金利は0.02％」
「クレジットカード利用の際の金利15％」
「変動金利型の住宅ローン金利が0.625％だった」。
　個人の生活に根差したところで金利を思い浮かべるといえば、こんなところでしょうか。
　中には
「消費者金融会社の18％という金利」
「質屋の利息は月利9分（9％）だ」
と浮かべる方もいらっしゃるでしょうね。
　あるいは
「この間銀行に勧められて、金利が0.32％の個人向けの国債を10万円買ったよ」

と思い出す方もいらっしゃるでしょう。

　さらには、ちょっとマクロ経済を学ばれた方なら、
「日本の家計の預金は1000兆円」
「預金金利はせいぜい0.02％くらい」
「これが1％上がるだけで10兆円、個人が受け取る利息が増える」
と連想される方もいることでしょう。

　ともあれ、**私たちの周りにはいたるところに「金利」とか「利回り」という言葉（現象）が存在している**のです。

　さてでは、これらの様々な金利とは一体何なのか。
　今の世の中で行われている経済活動のほとんどすべてのシーンにおいて、お金がやり取りされています。つまり**モノや様々なサービスの売り買いは、お金で清算されている**のです。お金が存在しなければ、経済社会は成り立ちません。
　そしてお金がないけれどほしい人、今お金が余っているけれどその使い道がない人というように、いろいろな事情のヒトがいます。
　そのため、「お金を貸してもいい人」と「お金を借りたい人」が相談し合って、一定の条件でお金を貸し借りするという行為が、それこそあちこちで行われているのです。
　そこで定められる条件の主なものは「**金額**」と「**期間**」と「**金利**」です。
　このうちの**金利とは「元本に対してこの程度の利息をもらうよ（支払うよ）」という料率**を示すものです。

そこでは、金利をめぐって（ということはお金の貸し借りをめぐって）様々なヒト（経済セクター）が登場します。政府（国）があり、金融機関があり、一般の会社があり、個人があるというようにです。そして、それらの間でいろんなお金の貸し借りが行われており、それぞれの固有の金利が存在するのです。

　このうち、**政府や企業（金融機関を除く）、そして個人は最終的にお金を貸すか、借りるかという存在**です。それに対して金融機関はその間のお金の貸し借りの仲介者です。金融機関は最終的なお金の貸し手、借り手ではないのです。

　銀行の預金金利とは、銀行が「お金を貸してほしい人に貸したいのだが、そのお金が不足しているので貸してもらえないだろうか」と多くの個人に呼び掛けている金利です。

　クレジットローンの金利は逆に、個人が「今は支払うお金がないから立て替えて払っておいてね。その金利は後で払うよ」という約束をカード会社としているのです。

　あるいは、個人向け国債については国がお金を借りる人、個人が貸す人というわけです。

1-2 お金の貸し借りとは、現在のお金と将来のお金のバーター(交換)である

> 金利の本質を煎じ詰めれば
> 現在の＜価値が高い＞お金を得るのと引き換えに、将来の
> ＜価値が低い＞お金を差し出すこととなる。

　金利とはお金の貸し借りがあってのこと。ではお金の貸し借りの本質ってなんでしょうか？
　実は、現在のお金と将来のお金のバーター（交換）なのですね。
　お金を借りる人は、**将来のお金を犠牲にして今、現在のお金を得る**。逆に、お金を貸す人は現在のお金を犠牲にして未来のお金を得る。そうでしょ。
　住宅ローンを借りる人は、将来自分が稼ぐお金の所有権を手放すとともに、現在まとまったお金を持っている人からお金を得るのです。現在のお金（プラス＝得る）と将来のお金（マイナス＝失う）を交換する。お金の貸し手は逆に現在のお金を失い、将来のお金を得る。これはまさにバーターですね。
　さて、誰にとっても未来のお金より今のお金の方が価値が高いに決まっています。1年先の1杯のご飯よりも今の1杯のご飯のほう

が価値が高いことと同じです。

　これは、人間が時間の流れの中で有限な存在であるためです。確率的に言うと今、この瞬間に生きているという100％確実な事実に対して、1年先に生きている確率は100％ではあり得ません。多分99.99999％とかいった数字になるのでしょうね。もちろん、若ければ若いほどのこの数字は100％に近いですが。

　つまり、1年先の1万円より今の1万円の方が誰にとっても価値は高いのです。だって、1年先の1万円は0.00000001％の確率で自分には使えないため、無価値のものになっている可能性があるのですから。

　であれば、**価値の高い今のお金を手にする人が、価値の低い将来のお金を手にする人に対して、何らかのペナルティを払う**というのは当たり前のことですね。これが**金利**ってわけです。

お金の貸し借りで重要なことは2つあります。

まずは「今お金を借りる」というのは**「将来稼いだお金で返す」こととセットになった約束**だということです。ですから将来返す能力のない人にはお金を貸してはくれません。銀行は、将来のお金をいわば担保・人質にとってお金を貸すのです。

重要なことその2つ目は、お金の**貸し借りという仕組みがあるからこそ、高額な消費ができる**ということです。住宅ローンという制度がなければ、お金を貯めてからでなければ家は買えず、買えたときにはすでに65歳。で、実際にその家に住めたのは5年間だけということになりかねません。

つまり、金利を介したお金の貸し借りがあるからこそ、私たちの経済社会が成り立っているのです。いや、こんなお金の貸し借りという制度がなければ、私たちの生活は確実に貧しくなるに決まっています。

1-3 金利はどんな機能を担っているのか

> 金利は経済社会ではどんな機能を果たしているのか。ここでは前項とはちょっと違った視点でアプローチしてみます

まずは次のような事例から始めると分かりやすいと思います。

Aは100万円のお金を持っているが、当面使う予定はない。一方、Bは事業の拡大のために100万円が必要だ。

この場合、BはAから資金を借りればよいのですが、借入れにはその対価を支払わなければなりません。それが金利。つまりお金の貸借に際してつく値段です。
　では、どうやって金利を決めるのか？
　もちろん当事者同士が交渉して決める。つまり、**需給バランスで決まる**ということ。これが基本です。

1，需給バランスが金利を決める

　B以外にも**借りたい人が大勢いれば、お金の値打ちが上がり**ます。お金をほしい人が多くなれば、競争が激しくなり、そのものの価値（金利）が上がります。どうしても借りなければならない人は、より高い金利を支払ってでも借りようとします。だから**金利は上がります**。つまり、貸し手にとって有利な状況になるわけです。これが「**貸し手市場**」です。

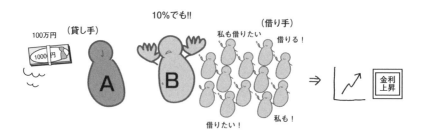

　こうして金利がある水準に達すると「こんなに高いんじゃ、もう借りない」と考える人が増え、借り手が減ってきます。そして、借り手と貸し手のバランスがどこかで均衡します。

逆に、お金を必要とする人が少ないと、貸し手側は「どうか借りて！」とお願いするので、結果的に借り手側は低い金利で借りられる。これを「**借り手市場**」とよびます。こんな時には**金利は下がっていきます**。そして、ある時点で借り手、貸し手のバランスが均衡します。

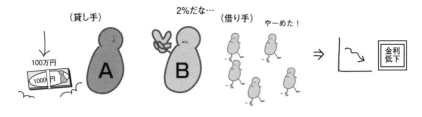

　つまり、「**金利はお金の借り手と貸し手のバランスによって決まる**」のが基本です。

　しかしここで同時に「金利が変わることにより、**貸し借りのバランスが変わる**」ことにも注意が必要です。つまり相互作用。
　これはモノの売り買いで価格が変動することで売り買いが均衡するとともに、安くなれば買いが増えて需給バランスが変わることと原理は同じです。これが「**市場機能**」とよばれるものです。つまり、取引条件（この場合は金利）を取引当事者に任せておけば、自然に需給バランスが均衡を保つように調整されるのです。

2，資金過不足の調整機能

こんな金利の自律的な働きを高いところから俯瞰すると、「**金利は資金の過不足を調整する**機能を持つ」とも言えます。

借りる側は「お金がなく困っている」が、貸す側も「どうやってお金を活かせばいいかわからない」状態です。つまり、どちらも困っているのですが、A が B に貸せば、どちらもハッピーになるという関係です。

そしてお金の貸し借りのバランスで金利が決まる（動く）という仕組みがあるからこそ、貸し手が圧倒的に多いとか、借り手ばかりで貸し手不在というアンバランスな状態にはならないのです。

金融取引に限らず、こうした関係は経済の基本です。**取引により、双方ともそれ以前に比べてハッピーになる**のが基本です。そしてほとんどあらゆる経済取引でお金が使われ、そのお金の過不足を調整する役割を果たしているのが金利なのです。

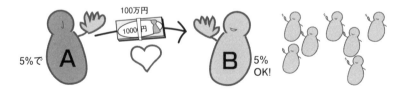

3，金利は世の中のお金の動きをコントロールする

　金利がお金の貸し借りのバランスを変えるということは、経済社会全体でみると、**金利がお金の流れを変える**ことを意味します。金利が上がれば企業は借りないので使えるお金が減って、設備投資や店舗の新設、あるいは新たに人を雇うことに消極的になります。企業の生産は増えず、収益も上がらない。賃上げできないので働く人は消費を抑えます。

　逆に金利が下がれば、低コストのお金を積極的に借りるので使えるお金が増えます。そこで企業の設備投資、生産は盛んになり、賃金が上がり、個人も住宅ローンを積極的に利用して住宅購入に積極的になります。建築資材や大型キッチン、家具などの耐久消費財が売れ、企業収益も増えるのです。

　金利が動くことによりお金の動きが変わり、それが企業や個人の懐具合を変え、経済活動を変えていくのですね。
　このような金利機能を積極的に利用して経済をコントロールしようというのが日銀の金融政策です。つまり、金利を上げ下げすることにより、お金の流れを変えることで景気を刺激し、あるいは逆に過熱しすぎた（浮かれすぎた）景気を適度な水準に誘導するのです。

1-4 金利の変動は世の中のお金の動きを変える

> 金利が高いときと低いときとで、世の中のお金の流れがどう変わるかを考えてみよう

　さて、金利とは、社会全体を流れるお金の回路に設けられているバルブのようなものです。それを閉めたり、開いたりすることによって、お金の流れは変わっていくのです。つまり、**金利は経済社会全体のお金の流れを変える力を持ちます。**

　お金の出所の出発点を個人とした上で、銀行を通じて最終的にそのお金を必要とする企業に至るまでのお金の流れを考えてみましょう。

　預金金利がたとえば3%から5%に上がったとします。
　そうすると「今までより有利だわ」と個人の預金者は考えます。そして積極的に預金するでしょう。
　一方、預金者から3%でお金を預かっていた銀行はこれまで、企業には4%の金利で貸していたとします。ところが預金金利が5%

になったので、同じだけの収益（1%分）を得ようとすれば、企業には6%で貸さなくてはなりません。

　さて、では企業は金利が6%に上がっても今まで通り借りてくれるでしょうか。
「6%だったら借りないよ」という企業が出てきますね。
　こうなれば預金は増える一方で、企業の借り入れは減ります。つまり、金融機関を除く民間全体では、すぐに使えるお金の量が減るのです。これが**通貨供給量の減少**です。それとは対照的に、銀行の預金口座の残高がどんどん膨れ上がります。
　つまり、**金利を上げれば世の中（民間）に出回るお金の絶対量が減り、したがってそれを使って行われる消費や企業の設備投資が減ります。これじゃあ景気は悪くなります**ね。

　逆に金利が下がれば、個人は預金を控え、消費を積極的にするようになるでしょう。企業はどんどんお金を借り、企業も低いコストで借りたお金で機械設備を新しくしたり、原材料、中間部品などを買って生産を拡大します。
　企業の儲けは増え、労働者の賃金は増えます。が、預金金利が低いので労働者は預金はやめ、そのお金を消費に回します。そうすると、モノがどんどん買われますからモノの値段は上がっていくというのが基本なのです。

お金はこのように世の中をめぐっている

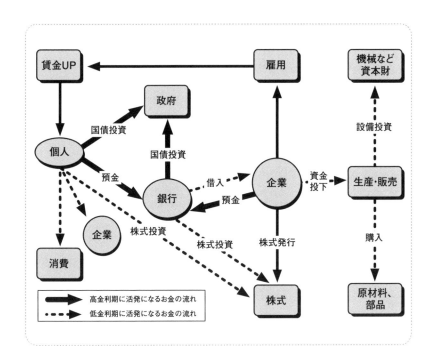

　こんなふうに金利が高い時期と低い時期では、お金の流れ方が全く変わってくるのです。これをうまくコントロールすることを通じて、政府が行う経済政策を側面から支えていこうとするのが中央銀行である日本銀行の金融政策の柱なのです。
　日本銀行による金融政策の基本については、次項以降で改めて説明します。

1-5 日銀はこうして政策金利を決めていた

> 中央銀行は、金融市場の資金量を調整することで、金融機関の間で取引される金利（政策金利）をコントロールしている

　中央銀行は政策金利をどのようにしてコントロールしているのか。ここではその仕組み、プロセスを説明しておきます。
　政策金利とは何か？
「公定歩合」と反応される方が少なくないと思います。しかし、現在、先進国の政策金利は、かつての公定歩合のような中央銀行が民間の金融機関にお金を貸し出す際に適用する金利ではありません。日本で言えば**無担保コール翌日物金利**がそれに当たります。
　さて、無担保コール翌日物金利とは何か？　またそれをどのように中央銀行たる日本銀行がコントロールしているのでしょうか？

　お金の貸し借りが行われる金融市場のうち「期間1年以下」「市場参加者は金融機関のみ」という市場が**インターバンク市場**です。
　ここでは、各金融機関の間で日常的にお金のやり取り（貸借）が

行われています。その最も重要な機能は、各金融機関ごとの資金過不足の調整です。そして個別金融機関の資金過不足は主に「預金」と「貸出」のバランスの違いによって生じます。

市場での資金過不足調整がインターバンク市場の基本機能

　都市銀行など主に大都市を営業基盤にするメガバンクは、総じて預金吸収能力よりも貸出能力が高い傾向にあります。つまり、日常的に預金以外の手段でお金を調達する必要に迫られているのです。

　これに対して、全国のJAを基盤とする農協系統金融機関や信用金庫、信託銀行などは総じて資金吸収能力が高い（逆に言うと貸出能力が低い）ので、日常的にお金が余っています。そこで後者のグループの金融機関（余資金融機関）が、前者の金融機関（不足金融機関）にごく短期の資金を貸し出しているのです。

　そのうち最も一般に用いられているのが「1日限りで貸し出す」という無担保コール翌日物です。そして、この貸借で付いた金利、これが無担保コール翌日物金利なのです。

　ここで「エッ。付いた金利？」といぶかしく思う人も多いのではないでしょうか。「だって、政策金利ってのは日本銀行が決めるのでしょう。『取引で付いた金利』ではなく『日本銀行が定めた金利』でしょう」とおっしゃる方が多いと思います。

　しかし、それは間違いです。**需給バランスによって決まった金利＝政策金利**なのです。どういうことか？

1-6 政策金利とは「誘導目標水準金利」のことだった

> 無担保コール翌日物金利（政策金利）は、日本銀行が誘導目標とする金利としてコントロールされている

　実は「政策金利を決める」という一般的な言い方は誤解を招きがちな表現です。より正確に言うと、「日本銀行があらかじめ定めた金利（あるいは金利のゾーン）に無担保コールレートを誘導する」という言い方が正しいのです。つまり、**政策金利は、「誘導目標水準金利」**というべき性格のものなのです。

　2024年8月現在**「0.25％」が政策金利**です。では日本銀行は、この無担保コール翌日物レートをどのようにコントロールできるのでしょうか。
　実は、ここで用いられる操作が「買いオペレーション」とか「売りオペレーション」とよばれるものなのです。
　右の図にあるようなイメージでインターバンク市場は機能しています。たとえば、資金が余っている金融機関の代表格であるN中

央金庫が、1日限りという条件で8000億円の資金を貸し出し、C、T銀行がこれを借りたとしましょう。ここで付いた金利がいわゆる無担保コール翌日物レート（**コールレート**）です。

日本銀行は、市場全体のお金の量を調整することで、このレートをコントロールしているのです。図中では日本銀行がT銀行向けに「国債買いオペ」、F銀行向けに「国債売りオペ」といった表記がありますが、これが国債などを用いた売り買いオペレーションを示しています。

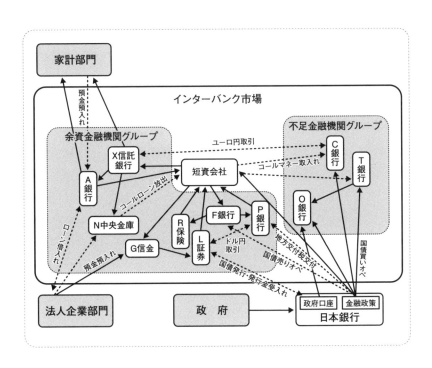

たとえば、日本銀行が国債の**売りオペ**を行ったとしましょう。国債を市場（金融機関）に売るということは、日本銀行が市場からその**売却代金を吸収**することを意味します。
　この場合は、オペレーションを行わなかったときに比べ、市場全体の資金量は減ります。
　市場全体で資金が減ると、都市銀行などの資金が不足気味の金融機関の不足額が増えます。この場合、都市銀行などはより多くのお金をこの市場から調達します。これはもちろん**コールレートを上昇**させます。

　逆に、国債**買いオペ**などで市場全体に資金を潤沢に供給すると、都市銀行などの資金不足額は減るため、市場での資金調達額は減ります。つまり、市場全体で見て**資金調達圧力が減**るわけですから、**金利も下がる**のです。これが、政策金利をコントロールするための基本的な仕組みです。

こうして**無担保コール翌日ものレートを変動させると、それに応じて各金融機関は一連の預金金利やら貸出金利などを変えます。**

そして民間の家計（個人）、企業の預金、借入状況が変化します。金利が下がれば「預金には消極的になり、借入に積極化」となるため、景気を刺激します。

金利が上がれば「借入を抑制」するため消費、投資には消極的になり、景気を冷やし、また物価上昇を抑制する効果を持つことになるのです。

別掲日本経済新聞記事ではコール翌日ものレートは「0.227％」となっています。すなわち現在の政策金利である「0.25％」のターゲットとほぼ同水準にあるというわけです。

短期金融市場	（19日）

（金利、利回りは％）

◇コール（短資協会、加重平均、速報）

	無担保	有担保
翌 日	0.227	—
1週間	0.244	—
2週間	—	—
3週間	—	—
1カ月	—	—
2カ月	—	—
3カ月	0.350	—

◇全国コール市場残高
（16日確報、億円） 109511

◇CP気配（短資協会）

	＜現先＞		―前日―	
	売り	買い	売り	買い
翌 日	0.143	0.293	0.143	0.293
1週間	0.146	0.293	0.146	0.293
1カ月	0.150	0.340	0.150	0.34)

◇国庫短期証券利回り
（日本相互証券、BB国債価格）

銘柄	引値	前日比
3カ月 1250回債	0.110	0
6カ月 1248回債	0.140	0.02
1年 1244回債	0.210	0

◇東京レポ・レート（日本証券業協会）

	平均値	前 日
翌 日	0.223	0.230
1週間	0.188	0.186
1カ月	0.185	0.184

◇東京銀行間取引金利
（全銀協運営機関） TIBOR

	日本円	ユーロ円
	365日ベース	360日ベース
1週間	0.23455	0.27400
1カ月	0.33636	0.40600
3カ月	0.44727	0.25500
6カ月	0.44364	0.24500
1年	0.53818	0.59000

◇TORF（東京ターム物リスク・フリー・レート） （QBS）

		前日
1カ月	0.22375	0.22375
3カ月	0.22375	0.22375
6カ月	0.26438	0.26438

日本経済新聞朝刊 2024 年 8 月 20 日

```
◇日銀の金融調節 （金額は億円、落札金利は％、価格は円）
                            期　間      予定額　応札額　落札額　落札金利
                                                            （価格）
【8月19日通知分】
国債補完供給(国債現先売り)    即日－8/20            18232　18232　最高▲0.050
国債補完供給(国債現先売り)    即日－8/20              207　　 207　最高▲0.050
【8月16日通知分】
社債買い入れ                  8/21         500　 1264    500　最低0.576
国債補完供給(国債現先売り)    即日－8/19            18624　18624　最高▲0.050
国債補完供給(国債現先売り)    即日－8/19                1　　   1　最高▲0.050
（注）国債買い入れの落札金利（変動利付債、物価連動債の場合は価格）は日本証
　　　券業協会の店頭売買参考統計値との格差、社債買い入れ、ＣＰ買い入れの落
　　　札金利は売買利回り。　▲はマイナス

◇日銀当座預金残高 （速報、億円、カッコ内は準備預金残高）
                                    5494900（4923600）
◇資金需給予想 （20日、億円、実質）    23900余剰
```

日本経済新聞朝刊2024年8月20日

　ところで、新聞記事（資金需給予想）に見られるとおり、市場全体の資金量は常に何がしかの不足、あるいは余剰の状態にあります（掲載記事では8月20日＝2兆3900億円の余剰です）。これは「（自然に放置しておけばこの日は市場全体で）お金が2兆3900億円余った状態にあるよ」ということを示しているのです。

　さて、このような資金の過不足に対し、平時には**日本銀行は市場全体で資金が過不足のない状態になるように**調整します。
　2兆3900億円の余剰であれば、2兆3900億円分の国債などをこの市場の構成員である銀行などに売り、2兆3900億円のお金を吸収します。これが売りオペです。
　逆に資金不足の場合には、買いオペを行うことで多くの銀行などが、日銀に設定してある国の口座へ資金が払い込まれます。つまり、

金融市場にお金を供給するのです。以上のような資金の流れはいずれも、市場全体での資金量を変動させます。

市場で資金の過不足が生じるプロセスは大別すると2つ

ではそもそも、なぜこんなふうに市場では資金の過不足が生じるのでしょうか。

これも図に示されているのですが、大別すると2つのルートを通じて市場全体での資金の過不足を生みます。

1つは市場に参加している**金融機関の対民間との資金取引**が日常的に行われているからです。個人との間でも対企業取引でも、預金の積み増し、払戻しは日常的に行われていますし、貸出し、各種ローンを通じたお金の出し入れが毎日行われています。

2つめは**対政府取引**です。たとえば、国庫からは年4回に分けて地方交付税交付金が、各自治体の口座が開設されている地元の銀行などの所定の口座に払い込まれます。千葉県に対する交付金だったら千葉銀行へ、広島市だったら広島銀行の口座に払い込まれるのです。

あるいは、新たに国債が発行されるときには、これを引き受ける金融機関、さらには所定の金融機関経由で個人が国債を買う場合には、その金融機関を通じて国が日銀に設けている国庫口座に払い込まれるのです。

このようなお金の移動によって、金融市場のお金の量は毎日のように変動しているというわけです。

column

日銀は金利、民間の資金量を直接コントロールできない

　本文で説明した通り、金融政策を一手に引き受けている日銀は、金利や民間の通貨量を直接コントロールできない、という点には注意が必要です。重要なポイントは2つ。

　まず、政策金利であるコール翌日物金利は**直接、これを指示しているわけではない**ということです。政策金利以外でのお金の貸し借りを禁じているわけではありません。

　その昔、政策金利が公定歩合であった時代には、「公定歩合（政策金利）＝1.0％」といえば日銀が銀行に貸し出すときにはこの1.0％という金利が厳守されていました。しかし現在の政策金利（コール翌日物）は、「これくらいの水準に誘導するよ」というメドにすぎません。その証拠に、市場でのコール翌日物の金利は時々刻々と変動しています。

　2つには、たとえば金融緩和策の一環として民間の資金量を増やすためにお金を供給するといっても、民間企業や家計に直接マネーを配るわけではないということ。日銀の手が届くのはあくまで金融市場だけです。金融機関向けにマネーを供給するだけです。

　その金融機関から企業や個人にお金が貸し出されて初めて、企業や家計（個人）のもとにマネーが届きます。だから、企業、個人が借りなければ、民間にはそのお金は届きません。

　実際、過去20年以上にもわたる**超金融緩和政策では、日銀が金融機関向けに大量に供給したお金の大半は、金融機関が日銀に設定してある当座預金口座に眠っており、いわばこれは死に金の状態**でした。これを揶揄して「ブタ積み」と呼びます。「役に立たないお金」という意味ですね。

1-7 金利は雁行あるいは魚群である

> 多くの金利は、ほとんど同じ方向で動く。それはあらゆる金利はお互い競り合っているからだ

　金利の世界では株式や為替相場、あるいは商品市況などと風景は全く異なります。この辺りも金利に不案内な人はちょっとつまずくところかもしれません。

　株式だと会社、銘柄により、円相場（為替）では相手通貨によってその動きはバラバラです。株の世界では「高安マチマチ」という言葉が頻繁に使われますし、為替の世界では「円は対ドルでは強含みだがユーロに対しては大幅に下げた」なんてのも当たり前です。商品市況でもそう。大豆は上げたのに対してトウモロコシは値を切り下げた、なんてことはしょっちゅう起きています。

　しかし**多くの金利はほとんど同じ方向で動きます**。日銀が金融政策の柱としている政策金利が上がるときには、預金金利も各種ローン金利も上がるし、債券の利回りなんかも上がっている。期間10年の国債利回りが上がっているときには、2年国債の利回りも上昇

しているのが普通です。逆に動くことはほぼありません。

　イメージとしては雁行ですね。同じ種類の雁がターンしたり、一気に上昇あるいは旋回したりするときには、ほぼ一斉に同じように動きます。魚群もそう。金利はちょうどこんなイメージです。方向を変えるときには先頭のヤツが一瞬早く動き、ほかの大多数の魚がそれに追随する。金利もちょうどこんなイメージです。

　ちなみに、金利の魚群でイの一番に動くのは、政府が発行する10年の国債利回りです。これが先導する形でその後ろに長期住宅ローン金利が続き、だいぶ遅れて、政策金利が動き、これに伴ってほかの金利、たとえば預貯金金利や企業向けの短期貸出金利やカードローン金利なんかが追随していくのです。

　この金利が動く順序については金利の先行きを読むうえでとても重要なテーマなので6章で詳しく説明します。

　ではなぜ金利は同じ方向で動くのか？　一言でいうと、**あらゆる金利はお互いに競り合っているから**です。

　つまり、信頼度、期間が同じ金利が複数あった場合には、それらの間で**裁定が働く**のです。裁定とは「比較したうえで有利な方を選

択する」といった程度の意味ですね。

たとえば国債の利回りが上がったとします。そのとき、預金金利がそのままだと、国債の利回りが有利になるので、多くの人は預金を解約して国債にお金を振り向けます。「比較」したうえで「有利な方を選択」するわけです。

これでは銀行は困ります。だから期間3年の国債の利回りが上がれば、それに応じて、同じ期間の預金金利も引き上げざるをえません。こうして国債利回りと預金金利は連動して動くのです。

網の目のように絡まり合う金利体系

以上のように、多くの金利はある種のバランス状態にあるのです。つまり**網の目のように、一定の平衡状態を保っている**のです。これが金利体系です。

同じ1年定期預金だと、三井住友銀行とみずほ銀行の金利は、ほぼ同じ。預金金利は銀行の業績とは関係ないからです。三井住友銀行の業績が飛び抜けて良くなれば株価は上がるけど、預金金利や貸出金利には影響ありません。「預金が返って来ないリスクはどちらもほぼゼロ」だと皆が信じているからです。であれば、同じ1年定期だったらどのメガバンクでも金利はほとんど同じなのが当然です。

期間3年の預金が2％で、同じ3年の国債利回りが5％ってこともあり得ない。どちらもほぼ確実に元本と利子が回収できるのに、こんなに金利差があれば、誰も預金を利用しようとはしません。つまり、安全性が同じで期間が同じだったら、預金と国債の金利もほ

ぼ同じであるのが自然です。

　また、1年定期が1％だったら「2年定期は1.2％くらいが妥当かな」っていうメドがある。つまり1年定期のチョット上で2年定期の利率は決まるのが一般的です。だから、1年定期が動けば2年定期もほぼ同じ方向で動きます。

　また、銀行の預金金利より貸出金利が高いのは当たり前。でなければ銀行業務が成り立ちません。だから、同じメガバンクだったら、貸出金利も大体同じ水準です。銀行の業績にはほとんど関係ありません。

　また、海外の金利が上がれば、それにつれ日本の金利も上がるのが基本です。つまり、金利は様々なしがらみのなかで、大体同じように動くのが原則なのです。

　そこへ行くと、株式なんかは企業の業績を反映するのが基本ですから、業績がバラバラなら株価の動きもバラバラです。トヨタは「前期比24％の増益」で日産が「10％減益」なんてことは当たり前にあります。こんなとき、トヨタの配当は増加するけれど、日産の配当は減る可能性が高くなります。だったら、日産株は売られて安く、トヨタ株は買われて上がるのが当然です。

　為替もそう。ヨーロッパの景気が悪く米国の景気がよければ、ユーロが下がって米ドルは上がる。つまり、ユーロの対円相場は下がるけど、米ドルは円に対して上がるのが原則です。バラバラに動かないとおかしいのです。

1-8 なぜ金利の話はこんなにもとっつきにくいと人は思うのか?

> これだけ重要な機能を担っている金利なのに、「金利の話はどうもとっつきにくい」と思っている人が実に多い。おそらく主な理由は、4つある

たとえば銀行は本来、お金の貸し借りで収益を上げるのが基本です。つまりその金利差で稼いでいる。にもかかわらず、私の長年の経験でいうと、金融機関勤めの人の金利あるいは債券についての知識は驚くほど手薄です。実際、セミナーや講演の場でも、「金利は苦手」と本音を漏らす職員は実に多いことに驚かされます。であれば一般の多くの人が「金利の話は苦手」なのは当たり前。なぜか。おそらく主な理由は、4つあると思うのです。

① 計算が嫌い！

まず直感的に「数字がとにかく嫌い」という理由です。そしてその裏には、金利には計算がついて回るという思いがあります。しかし、これは必ずしも正しくない。

理由の1つは、金利の本質を学ぶ上で、具体的な計算に関する

ものはごくわずか。「**計算なんかできなくても金利が果たしている機能もわかるし、金利の動きが経済社会でどんな意味をもっているかを読むことはできる**」「そして（実務家でもない限り）それで充分」だからです。

　さらには、その金利の計算についても、ほとんどは小学４年生程度の学力で十分対応できることです。高校生時代、微積分でつまずき、それ以降「数学の世界は完全に行って来い」になってしまった私が、これまで金利並びに債券利回り計算の本を何冊も書いてきたのだから、これは間違いありません（笑）。

　本書では数式は最低限の記述にとどめます。利回り計算などの数式を必要とするのは、実際に業務で取り扱う担当者だけだからです。日常生活では、**元本と期間と利率のごく基本的な関係さえ了解できていれば、それで全く不自由することはない**と思うからです。

② ほとんど報道されない！

　テレビ、ラジオあるいはネットでも、金利に関する情報量は株式、為替（円相場）に比べて格段に少ない。株や為替に比べ動きが地味だからです。しかも（ここが大事なところですが）、もう20数年以上にわたって日本の金利がほぼゼロで、しかもほとんど動いていません。**金利がゼロでしかも動かない以上、ニュースとして取り上げられるチャンスがなかった**のは当然です。

　ただ、2022年からは米国の金利が相当派手に動き（上昇）し始めたので、頻繁にニュースになりましたが、こと日本の金利についてはそれ以降もほとんど動かなかったのです。2024年3月になってやっと「利上げ」という文字が散見されるようになったのです

が、ふたを開けてみると、なんのことはない。その利上げの実態は「0.1％の微調整」にすぎなかったのです。実際、日本の預金金利は依然として0.002％（普通預金）であり、住宅ローン金利もまだ本格的には動いていません。

③ 動きが地味でリアリティがない！

　株式だったら1日に日経平均株価が数百円動くのは普通ですし、円相場も1ドルあたり80銭とか1円くらいはしょっちゅう動きます。それに比べ金利の世界はとても地味です。「住宅ローン金利が0.05％引き上げられた」「10年国債の利回りが0.1％上がって1.15％になった」など、**コンマ以下の動き**に過ぎません。しかも、その変化がどんな意味を持つかが直感的にはわからない。

　「住宅ローン金利が0.05％引き上げられた」といっても、毎月の支払額がどのくらい増えるのかが分かりません。「10年国債の利回りが0.10％上昇」とのニュースを見ても「だからそれが何なの？」「持っている人の損益はどれくらいなの」がまったくつかめないのです。つまり、その変化にリアリティを持てない。リアリティが持てないものに、人は積極的な興味を覚えることはできませんね。

　そこへ行くと、日経平均株価や円ドル相場の変化は直感的にイメージできます。日経平均株価が300円上がって3万8000円になったのなら、「1％弱上がったのね」と分かりますし、85銭円安が進んで1ドル＝161円になったのなら「0.5％くらい円が安くなった」と納得できます。

　「国債が0.1％上がった」だと「それがいったいどうしたの」ってなる。理解しようがないのです。

でもここで先を急いでちょっとだけ、こんな金利の微妙な変化にリアルを感じるためのコツを記しておきましょう。

詳しくは第3章で説明するので、ここではほんのエッセンスだけにとどめます。

金利の動きがニュースになるのは「10年国債の利回り」に動きがあった際が多い。これは日本の金利でも米国の金利でも同じです。こんなニュースに接したときは、とりあえず次の2つをイメージできればまずはOKです。

> ①金利が上がるということは値段が下がること。金利と債券の価格は逆に動く。
> ②10年債で0.1％利回りが動くと、値段は100円あたり80銭くらい、率にして0.8％くらい動いたとことになる。つまり、「0.5％」だと4％くらい値段が動いた計算です。

④ 種類が多く動くタイミングが分からない

1つは「金利」は驚くほどその種類が多く、それぞれがどんなタイミングで動くかの全体像がイメージできないことでしょう。

預金金利、それとも企業向け貸出金利。あるいは国債の発行利回り、中央銀行がコントロールしている政策金利、住宅ローン金利、カードローンやサラ金などの消費者ローンの数々。しかもそれらは短期から長期まで期間別に様々なものがあり、しかも変動金利と固定金利がある。

そして、それぞれの金利が動くタイミングがてんでバラバラです。

株式や為替相場あるいは原油や金などの商品市況は、すべての銘柄がほぼ同時に動きます。トヨタの株が上がった後3日遅れでソニーが動き、三菱UFJ銀行株が1ヵ月遅れで動くなんてことはありません。為替相場も同じ。ドル円相場が動くとほぼ同時にドルユーロの相場も動きます。「金利」はそれとは全く異なるのですね。

どの金利がどんなタイミングで動くかを明瞭にイメージすることがとても難しいだろうと思うのです。多くの人が金利は難しいと思うのも無理ないことなのですね。

実はこの問題も、ちょっと先を急いで要点だけを記しておくと下記の2点が了解されていれば、だいたい理解できるはずです。

> ①期間の点からは長期金利が短期金利に先行して動く。10年国債の利回りが真っ先に動き、それから遅れて短期の政策金利や多くの預貯金金利が動く。
> ②日々動く金利から週ごとに動く金利、月替わりで動く金利と変わるタイミングが違う。債券の利回りは株式や為替と同じように瞬間的に動き、預金金利は週ごとに、住宅ローンは月単位で動く

あなたの周りにも、ちょっとした刺激ですぐ動き出す奴と、周りの状況変化をゆっくり眺めてから「よいしょ」と行動を起こす奴がいるはず。金利の世界も同じなのです。時代の流れをいち早く読んで真っ先に動き出す金利がある一方で、なかなか動きださない金利もあるのです。これについては2つのテーマに分けて話すと分かりやすいでしょう。

1-9 高金利と低金利、お金の価値が目減りするのはどっち？

> 金利が高いときにはお金じたいの価値は下がる。
> 時間の経過と価値の関係は比較してみたらわかる

　物価は「通貨の価値を表わす指標」の1つですが、金利も「時間の経過に伴う通貨の価値の変動」を表わします。物価が上がるということは、お金の価値が下がることを示します。これは直感的にわかる話です。一方、金利が高いときにはお金の価値は上がるでしょうか、それとも？

　ここで「？？」になる人が多いと思うのです。皆さんはいかがですか？

　1万円を預金すると10年後2万円になるとき（預金金利10％）と、1万円のままの場合（金利0％）を比較してみましょう。
「お金そのものの価値が増えるかどうか」というのは、**タンス預金の「1万円札」そのものの価値が高くなるかどうか**、というのが尺度です。

さて、金利が10%という高金利時代に1万円預けたときには、10年後には預金は2万円になって返ってきます。この時、タンス預金の1万円の価値は、その預金払戻額2万円の2分の1の価値でしかありません。これに対して後者の場合は、その価値は下がりません。つまり、金利ゼロの時代のほうが通貨価値の目減りは少ないということです。

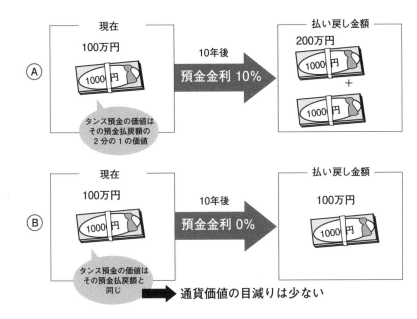

これは次のことを意味しています。

---

①デフレで低金利時代にはお金をそのまま持っていても目減りしない

②インフレで高金利時代にはお金を早く使ってしまわなければ、その価値はどんどん目減りしていく

2章

What happens if interest rates rise?

金利は世界をこう動かす

2-1 金利は経済社会でとても大事な役回りを演じていた

> 金利の変動とともに、世の中をめぐっているお金の流れが千変万化する

　さて、では金利とは経済社会ではどのような役割を演じているのでしょうか。
　ここでは**世界経済全体をイメージするためには、「金利」というファクターをはずせない**ことに注意していただこうと思います。

①ブラジルの金利が下がれば…
　たとえばブラジルの政策金利が下がれば、ブラジルの金利に魅力がなくなってレアル相場が下がります。
　ブラジルレアルが下がり、円相場が高くなれば、日本がブラジルから輸入している鉄鉱石の輸入価格（円ベース）が下がります。
　これは日本企業にとってはコスト削減要因です。
　ということは、鉄関連製品価格の下落に結び付くかもしれない。
　あるいは、一時期個人投資家に最も人気があったブラジルレアル

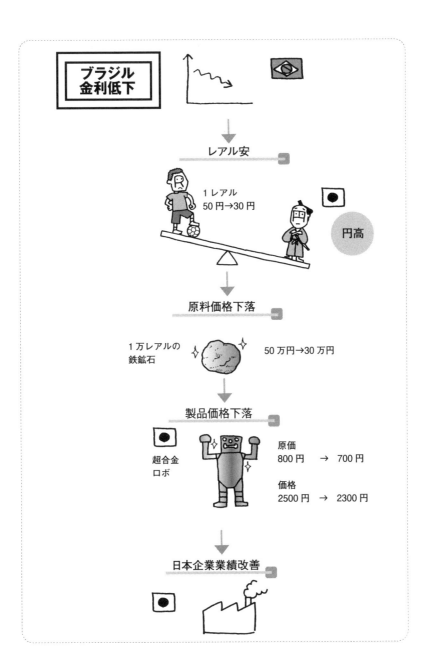

に積極的に投資する投資信託の資産価値が急落します。

②米国の金利が上がったら

また、米国でインフレが進み、かつ景気が底入れして長期金利が上がり、遅れて政策金利が引き上げられると、ドル金利の魅力が高まり、ドル高になる。

あるいは米国の長期金利上昇の影響を受けて、日本の国債利回りも上昇するかもしれません。

こうなると、日本国債を大量に保有している銀行などの金融機関にとって保有国債の時価が下がり、経営に重大な影響を及ぼす可能性があります。

さらに、新たに発行される国債の利回りは上昇せざるを得ません。これは国債費を増やし、当然のことながら歳出が増え、さらに日本の財政は窮迫します。

実際、以上はこれまでにたびたび起こったことです。

金利という経済ファクターはとても重要な役割を演じているのです。であれば、こうした観点から、金利の本質をいろいろな側面から改めて学ぶことの意義はとても大きいと思うのです。

金利はインフレ率や成長率と密接に関係する

ところで**金利が高いか低いかということは、それぞれの国のインフレ率や経済成長率と、とても密接な関係にあります。**

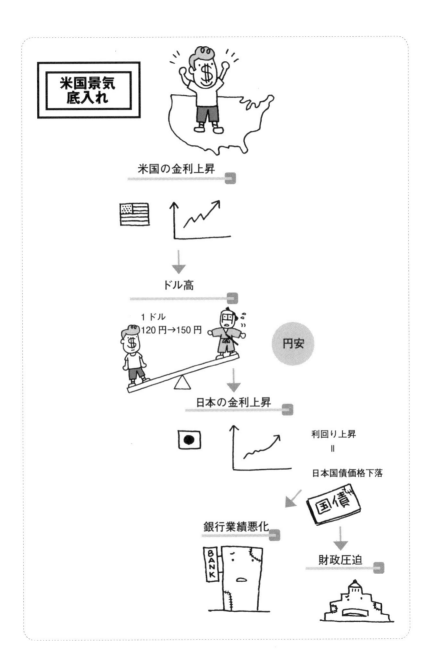

インフレ率が高くて成長率が高い国、地域はおおむね金利が高いに決まっています。これは経済が順調に成長しインフレ率が上がると、多くの場合、金利も上がるからです。
　これを専門的には、「**金利は経済成長率の代理変数**」というように表現します。
　こうした観点を持っていると、今の新興国・資源国VS先進国という、経済的な側面からの世界地図を描きやすいのです。
　別掲図で見ても、各国のインフレ率やGDPの伸び率は、金利と深い関係にあることがわかると思います（こうしたメカニズムは第3章で詳しく述べます）。

　さらには、金利は経済成長率、インフレ率と不可分の関係にあるだけではなく、為替を動かし、企業収益を左右し、賃金、失業率を変動させ、それが私たちの生活を直撃します。
　この一連の経済メカニズムを丁寧に辿り、それをできるだけ明確にイメージするためには、どうしても「金利」というファクターからは目を離せないのです。

　にもかかわらず、**日本ではあまりに超低金利時代が長引いたことから、金利はちょっぴり忘れられた存在になっていた**のですね。
　しかし、すでに述べたように、いよいよ日本の金利も上がり始めました。わが国も「金利のある世界」に一歩踏み出したのです。

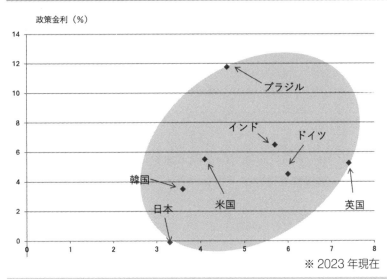

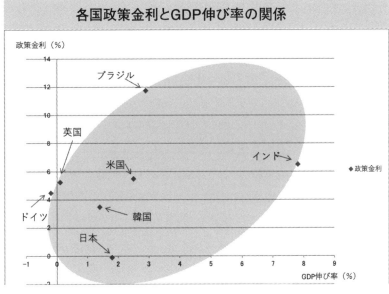

2-2 その昔、預貯金金利は政府、日銀が決めていた

> 1990年代半ばまで日本の預貯金金利が規制されていたのは、金融機関を破綻させないためだった

　私たちにとって最も身近な金利といえば、銀行などの預貯金です。ちなみに過去からの慣例で、銀行や信用金庫などでは預金、郵便局（ゆうちょ銀行）やJA（農協）では貯金と呼び習わされています。

　これらの預貯金金利は、1年、2年定期というように同じ期間であっても、銀行などによって利率が違います。そして私たちは、それが当たり前だと思っています。

　しかしその昔、**預貯金金利は政府並びに日銀が一律に決めていた**のです。正確に言うと「これ以上の金利をつけてはだめ」という上限金利を決めていました。

　そして、その上限金利を各銀行ともに預金金利と定めていたのです。これを**金利規制**と呼びます。

なぜこんなことが行われていたのでしょうか？

銀行によってその預金を集めるための経費率は違います。あるいは積極的に預金を集めたい銀行、貸し出しが振るわないためにあまり預金は集める必要がない銀行。さまざまな事情がありました。

にもかかわらず、その当時は預貯金金利は規制されていたのです。もちろん十分な理由がありました。

一言で言うと、各銀行に自由に預金金利を決めさせると、体力のある銀行は高い金利で預金を集めるため、低い預金金利しか提示できない銀行には預金が集まらなくなる恐れがあったためです。

つまり、**弱小銀行が淘汰されることが懸念された**のです。では、なぜ銀行が破綻するとまずいのか？

銀行の破綻と一般企業の破綻は意味が違う

経済社会全体に与える影響力という点から言うと、金融機関はそのほかの一般の企業とはちょっと違っています。それは、金融機関が競争に負けて倒産（デフォルト）すると、その影響は連鎖的に他の金融機関にも波及、さらには企業の資金決済に重大な障害が生じることが必至だからです。

企業間での様々な商取引に伴う資金決済は、それぞれの企業が取引口座を持っている同じ、あるいは異なる銀行の口座間での資金のやり取り（決済）で処理されます。ところが、ある金融機関が倒産して口座が凍結されてしまえば、企業間の資金決済ができません。これじゃ困ります。企業がまともな活動ができなくなります。

あるいは、銀行が競争に負けてつぶれそうだとなると、預金の取

り付け騒ぎが起きるのは目に見えています。実際、今までそんな例は国内外を問わず少なくありません。つまり、預金者が銀行から急いで預金を解約するのです。

　さて、もともと銀行は預金を集めることから仕事が始まります。その預金＝飯のタネがこぞって引き出されるのですから、これはたまったものではありません。この預金を原資にして企業などに貸し付けているのですから、預金が大量に引き出されると、その払戻しのために企業向け貸出しを急いで回収しなければなりません。こんなことが広範囲に起こると**経済は大混乱**です。

　こうしたことが危惧され、金融機関も倒産しないように預金金利などでの条件に厳しい規制を加えていたのです。

　もうひとつ。当時は銀行などは許可制でした。つまり、大蔵大臣（現在の財務大臣）が認めなければ銀行業は開業できなかったのです。ところが、上記のように銀行が破たんしてしまうと「大蔵大臣が許可したから安心だと思って取引していたのに」となります。つまり行政官庁のある種の失態だということになるのです。これも日本では金融機関を破たんさせなかった大きな理由です。

　さて、ところが現在は銀行、信用金庫など預貯金を扱う金融機関によって相当の金利差が生じています。とりわけネットバンクとよばれるインターネット上だけで預金などを扱っている銀行は一段高い預金金利を適用しています。

　このように、預貯金金利を各金融機関が自由に決めることができるという金利のあり方・種類を**自由性金利**と言います。これが可能

になったのは、1990年代半ばのこと。

では、預金金利などが自由化されたのはなぜなのでしょうか？

預貯金金利が自由に決められるようになった理由

自由性金利とは一口で言うと「当の金融取引の当事者間での自由な交渉によって決まる金利である」、あるいは「金融取引に際しての取引条件＝金利＝が資金の借り手と貸し手の需給バランスによって決まる金利である」と説明されます。

日本の金利自由化は、1975年からの国債の大量発行が1つのきっかけになりました。

国債は当初は一定の条件で発行されるものの、いったん発行されて市場に出回ると、企業、機関投資家、証券会社などによって自由に価格が形成されます。

つまり、**価格の変動に応じて自在に利回りが変動している**のです。そのため、この種の金利は規制できないのです。

ではなぜ（この種の金融取引における自由性金利である）国債利回りが、日本の金融取引に占める位置が高まってきたのでしょうか。

理由は2つあります。

1つは、1970年代前半のオイルショックをきっかけに経済成長が鈍って法人税収が不足し、日本の財政が急速に国債に依存する体制に入ったことです。これによって、年々長期国債の発行額が急増しました。

つまり、それだけ国債売買利回りが日本の金融取引のなかで占める位置が大きくなってきたのです。これがいわば、量的な側面から自由性金利の拡大を促しました。

　第2には、1975年代以前の日本の金利政策が往々にして低金利政策に偏っていたことです。
　第2次世界大戦で日本の産業が壊滅的な打撃を受けたことを背景に、政府・日銀は思い切った産業復興政策を推進したのです。つまり、金利面ではできるかぎり金利を低めに据え置くことにより、産業界の利子負担額を軽減し、産業活動推進を図ろうとしたのです。

　こうしたなかで長期国債の売買利回りが、自由性金利として登場するに至ったのです。これが果たして何を意味したのでしょうか。
　1970年代前半に、日本の産業活動はかつて例を見ないほどの急激な伸長をみせたのですが、ここでとくに輸出型企業を中心として手元資金として運用できるお金が急増していました。
　ここでは、従来からの低金利政策にそって規制的に定められていた預金金利などに比べ、かなり高い金利が提供される国債などの魅力がクローズアップされてきました。つまり、低金利に据え置かれた預金の魅力が一気に低下したのです。
　これを食い止めるためには、預金金利を自由化するほかなかったのです。

2-3 「金利が上がればどうなるか」各当事者で考えると

> 金利の変動による各経済セクターの損益は、お金の貸し、借りのバランスで決まる

　ここからは本格的に金利が上がると、経済社会全体にどのような影響を及ぼすかについての基本を述べていきます。

　金利の上昇が経済社会にどんな影響を及ぼすかを俯瞰するには、まず、「金利の上昇が経済を構成するいろいろな立場の人にどんな損益をもたらすか」という視点から見ると分かりやすいと思います。これは1章でも簡単にスケッチしておいたのですが、ここではその基本となる考え方を示しておきます。

　経済事象の変化は必ずと言っていいほど、経済活動を行っている人々の間における**富の移転**を伴います。
　金利の変動についても同じことです。
　「金利」とは、「借り手」が「貸し手」に支払うものです。

ということは、**金利が上がれば、「借り手はソン」、「貸し手はトク」**というのが基本です。

さて、しかし、お金を借りる一方の人、あるいは貸す一方の人はむしろ例外的でしょう。
「貸し借り」という言葉があるように、多くの人は一方では「預金」をし、一方では「クレジットカードで借りている」はずです。
このように「貸し」と「借り」を同時に行っていることを**両建て**と言います。
そしてほとんどの人は、このようなポジションを持っているはずです。これは、家計のほか企業や政府も同じことです。

対銀行の取引で、「預金だけ」とか「借入れだけ」といった取引を行っている企業はむしろ例外的です。
昔から、銀行から借り入れるときには「1億円お貸ししますから、うち3000万円はうちの銀行の3ヵ月定期においてもらえませんか」という要請がごく普通に行われていました。
もっとはっきり言ってしまえば「貸出額の一部をうちの銀行に預金してくれなきゃ、貸さないよ」というニュアンスさえあったのです。これを拘束預金と言います。

今ではこのようなことは一応禁じられています。
「銀行の立場が強いことを利用して、相手を言いなりにコントロールすることは禁じるべき」という考え方により、こうした事実上の強制的な預金として拘束するということは禁止されているのです。

2-4 個人、企業、政府は金利が上がれば得する／損する?

> 金利上昇は政府・企業に対しては損失を、家計には収益をもたらすとみるのが基本

　前項からの続きです。さて、では主要な経済セクター（個人、企業、政府など）についてみれば、「貸し」「借り」のバランスはどうなっているのでしょうか？

　これを考えるのに格好のデータがあります。それは日本銀行の資金循環勘定という統計です。

　これは文字通り、主要な経済セクター(部門)ごとにどのように資金が循環していったか、その結果、各セクターがどのような項目で金融資産・負債を抱えているかを明らかにするものです。

　資産は多くの場合預金、債券などの金融商品で運用されています。そして負債の多くは、金融機関の借入あるいは債券の発行などで賄われています。ということは、セクターごとに資産と負債のバランスを見ていけば、金利の変動がそれぞれのセクターにどのように損得をもたらすかがわかるのです。

部門別の金融資産・負債残高 (2024年3月末、兆円)

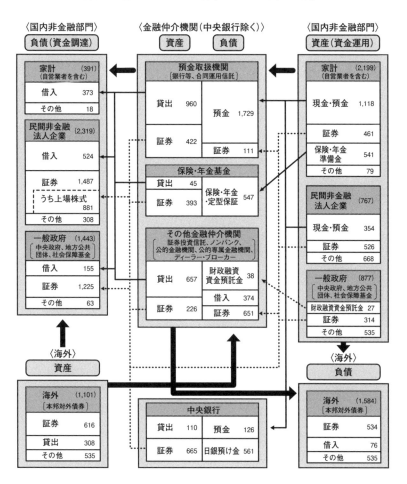

(出所：日本銀行)

ということは、この図にあるセクターごとの資産（右側）と負債（左側）のバランスに注目すればいいということです。ここではザックリイメージしてもらえればOKなので、とりあえず預金と借入のバランスをみるにとどめておきましょう。

　まず**個人**。1118兆円の預金に対して借入は373兆円です。
　ということは圧倒的に**金利上昇は有利**に働きます。単純計算では預金金利が1％上がれば受取利子が11.1兆円増える一方、借入に伴う利子の支払いが3.7兆円増える。差引7.4兆円の得ということになります。さて、あなたの家計ではいかがでしょうか？

　ついで**一般企業**。354兆円の預金に対して借入は524兆円。同じように**金利が1％上がれば、差引では年間に1兆7000億円程度損**をします。

　最後に、中央政府、地方政府に社会保障基金を加えた**政府**はどうでしょうか？
　政府と基金とでは性格が異なり、かつ証券の内容が不明なので一概には言えないのですが、おおざっぱにいって資産運用分が877兆円に対して、借入、証券（このほとんどは国債、地方債です）が1443兆円。
　もう**圧倒的に支払利子額の増加による経済的な損失を受ける**ことになります。

2-5 金利上昇による家計、企業への影響は様々

> 前項でみた家計、企業、政府という3つの経済セクター単位での損得。しかし、金利の上昇が個々の家計や企業に与える影響は、多岐にわたり複雑だ。家計あるいは企業の中でも、ある者にとっては恩恵となり、他の者にとっては負担となる

家計は2%の金利上昇で4.3超円の受け取り超過

まず家計への影響から。これからの金利上昇による損得については様々なシンクタンクが試算を発表しています。たとえば日本総研では「5年後に2%金利が上がっていれば」という前提で、「家計全体の利払い負担は年間4.4兆円増加。半面、定期預金や普通預金の利息収入は年間8.7兆円増え、**4.3兆円の受け取り超過になる**」とはじいています。

①メリットを受けるのは高齢者家計

当然のことながらメリットを受けるのは、ローンを抱えておらず預貯金を多く持つ家計です。家計が負担するローンと言えば圧倒的なウェイトを持つのが住宅ローン。ということは、すでにローンを

返済し終えた**老齢者や、退職一時金を得て高額の貯蓄を持つ家計には恩恵をもたらす**ケースが多いはずです。

②住宅ローンを負う現役世帯はマイナスだが…

　逆に、世帯主が30〜40代の家計の多くは住宅ローンを抱え、預貯金などとの資産とのバランスは、圧倒的に**ローン過多の状態が多いはずです。これらの家計にとっては、金利上昇はむしろマイナス**に働くはずです。

　ただ、住宅ローンといっても長期の固定金利タイプだと金利上昇の影響は受けません。金利上昇で負担が増すのは金利変動によって適用金利が定期的に見直される変動金利型のローンを利用している家計です。

　このようにみると、金利上昇が進むにつれ、ローンを多く抱える働き盛りの家計と老年家計との世代間での経済格差が拡大する可能性が高いことが分かります。

　一方、家計部門の中でもすでに債券に投資、あるいは債券ファンドを保有している人にとっては、金利上昇でマイナスを被ることが多いことには注意が必要です。詳細は5章で説明しますが、債券は金利が上がれば逆に価格が下がるもの。つまり、すでに保有している債券や債券ファンドの価値が金利上昇によって下がるのです（一部に例外がありますがそれは4章で話します）。

利上げに弱い企業、強い企業

①商社、不動産、小売りは利上げに弱い

では、企業への影響はどうか。もちろん借入額が多い企業にとっては、コストアップになるわけですから金利上昇は明らかにマイナスです。

とくに企業規模に比べて**借り入れ額が多い商社、不動産、建設、小売などの企業にとっては、利払い負担が業績に与えるダメージが大**きくなります。これらの企業は、いわゆる金利敏感株とよばれる企業です。金利の変動が業績に与える影響が大きいのです。

また成長期のスタートアップ企業にとっても、金利上昇は大きな課題となります。成長期にある**新興企業の多くは借り入れへの依存度が高い**ところが多いためです。

一方業種別にみると、金利上昇で経営環境が悪化する産業の代表が住宅関連企業。住宅**ローン金利上昇によって住宅の売れ行きが鈍化**、売上や利益が減少するためです。不動産開発業者、ハウスメーカー、建材メーカーなどへのマイナス影響が大きいはずです

自動車メーカーも自動車ローン金利の上昇により、販売が停滞する可能性があります。特に高額車や高級車ブランドに影響が大きいと考えられます。

②銀行、証券会社は利上げに強い

逆に金利上昇で利益を得る企業も少なくありません。まず銀行。**貸出金利と預金金利の差（利ざや）が拡大することで収益性が向

上します。メガバンクの場合、利ざやが0.1%ポイント拡大すると、年間数百億円の増益効果があるといいます。

　証券会社も金利上昇の恩恵を受けます。債券など金利関連商品の取引が増加することにより、収益の増加が見込まれるためです。

　このように、金利上昇の影響は企業や家計の財務状況、業種、市場環境などによって大きく異なることには注意が必要です。

　金利上昇が個々の家計や企業に与える影響は、資産運用、調達のバランスや業種、市場環境などによって実に様々です。そして、「富める者」と「貧する者」との格差をもたらすことは避けられません。

　過去20年以上にわたる超低金利時代は、預貯金や債券で利子を受け取る側からお金を借り入れる側への所得の移転が行われてきたのですが、これからは全く逆の歯車が動き出すことになるのです。

2-6 財政と金利を考える

> 金利の低下が一服したことで、今後日本の国債の利払い費が増加することは必至だ

　日本の金利について述べるときはずせないテーマの1つが、財政との関係です。

　これは主に**毎年一般会計予算の3分の1もの歳入を国債に依存している**という点が最も重要です。

　さてまずはクイズです。

-------------- □ ---------------- ■ ---------------

　周知の通り、日本はこれまでに大量の国債を発行、それが累積してきました。その額たるや（いろいろな測り方があるのですが）、2023年度末には1076兆円です。では23年前の2000年にはどの程度だったか？

　ほんの（というには大きいですが）527兆円だったのです。

　さて（ここからがクイズなのですが）、ではこの発行済みの国債を保有している人（金融機関や企業、個人等）に対して1年間に支払わなければ

ならなかった利子の額（利払い費と呼びます＝一般会計預で歳出に計上されます）はどの程度増えているのでしょうか。

-------------- □ -------------- ■ --------------

　国債を持っている人はその額面金額に応じて、一定の利子を受け取っていることはご存じですね。
　さて、2000年度に支払われた国債の利子の額は10兆円でした。
　それに対して「2023年度中の国債の利子支払金額」は7兆6000億円だったのです。
　そんな馬鹿な！　とおっしゃらないでください。**国債残高は2倍に増えているにもかかわらず、利子の支払額は逆に2割以上減っているのです。**

　さてここまでくれば、お分かりになった方が多いと思います。
　この間に金利が急速に低下してきたため、発行済み国債の平均的な利率がうんと下がってきたのです。
　このあたりで具体的な数字並びにグラフを示しておきましょう。

　毎年のように大量の国債が発行され、累積残高が積み上がり続けているのに、2023年度までは利子の支払い額は7〜8兆円台を維持、ほとんど増えていません。わが国の金利が超低水準にあり、国債の利回り（正しくはクーポン）も極端に低い水準に抑え込まれていたためです。

　2014〜2023の間は、代表的な10年国債を例にとると、クーポ

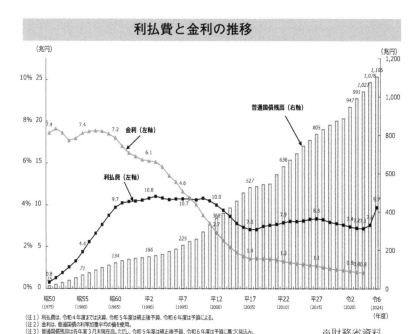

※財務省資料

ンは0.5％以下だったのです。しかし、2024年度から利払い費用は一気に増えています。もちろんこれは、国債の金利が一段とアップしたためです。2024年7月に発行された10年国債のクーポンは1.1％と、13年ぶりの高い水準になったことをニュースは大きく伝えました。

「これから金利が上がればどうなるか」の答えの1つがここに示されています。つまり、国が予算を組むうえで国債の利子支払い（利払い費）が増えることは避けられないのです。

　ちなみにこの図で利払いは2023年度＝7.6兆円（1.1％）、2024年度には9.7兆円（1.9％）です。つまり「1％の金利上昇で利払い費は2.6兆円プラス」となるのです。2.6兆円と言えば、これはほ

ぼ消費税の1％分に相当します。たとえば3年後の2027年度に3％金利が上がっていれば、利払い費は「17.5兆円」（9.7兆円＋2.6兆円＊3）となる計算です。

　この金額は並大抵のものではありません。ちなみに17.5兆円といえばこれは「防衛関連費」「文教および科学技術振興費」「公共事業費」の合計額に相当する規模です。

　もちろん利子の支払いは義務的な経費ですから、カットできません。ということは、利払い費が増えると、ほかの目的に使うべき予算額を削らざるを得ないのです。
　これまで日本は世界一金利が低かったことが、税収だけでは予算が組めない国家財政にとっては有利な条件として働いていました。しかし、これから金利が上がっていけば、その利払い費が膨れ上がることは目に見えています。
　ということは、利払い費の増加分を賄うために、国債の発行額を増やさなければなりません。そして国債の発行額が増えればそれに応じてさらに利払い費用がかさむ、となるのです。まさに国債発行額の増加と利払い費の増加が、スパイラル的に進行するわけです。

　国の懐具合＝財政＝を預かる財務省は、これから金利が上昇するに伴い、今まで以上に財政支出を増やすことに慎重に、つまり消極的なスタンスに転じる可能性があります。
　つまり、景気対策のために財政支出を伴う経済対策へ反対の立場を表明することで、結果的に政府・与党の経済政策の足かせになる場面も想定されるのです。

2-7 景気が良くなれば日本の財政問題は片付くのか？

> 「日本が国債に依存しなければ予算が組めないのは、もっぱら景気が悪いから」という言論があるが、税収が多少増えても国債の利払い費が増え、そうは問屋が卸さない

予算の3割を債券でまかなうのは景気が悪いから？

　日本の国債依存度は世界一であることはよく知られています。一時よりは大分減ったとはいえ、2024年度の一般会計予算でも110兆円の歳入のうち、国債の発行でかき集めているお金は、35兆円にも上ります。**国家予算の3割も債券の発行で賄っている**国は世界でも極めて珍しいのです。

　そんな日本の現状を「**国債に抱かれた財政**」と呼んだりするのですが、このテーマについては「わが国が国債に依存しなければ予算が組めないのは、もっぱら景気が悪いから」という見方があります。つまり、景気が良くなれば企業からの法人税も、個人消費の増加によって消費税も増え、税収全体が底上げされるため、国債への依存度を下げることができるのではないか、というわけです。

これが正しければ「景気が良くなれば国債は発行しなくてもすむ」あるいは「うんと減らすことができる」となります。
　果たしてそうでしょうか？　景気が良くなれば、わが国の財政難は解決するのでしょうか。
　どうやら、そうは問屋が卸さないとみたほうが良さそうなのです。なぜでしょう。

景気が良くなっても、債券への依存は変わらない

　その1，景気がそれなりに良く、税収も多かった時でも、相当額の国債を発行してきたことが図で分かります。つまり、**税収が多少増えたくらいでは、国債への依存をなくすことなどできっこない**のです。

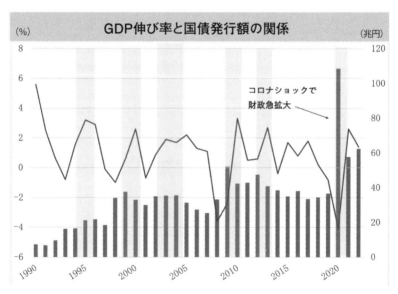

その2，景気が良くなれば確かに税収は増えます。しかし景気回復は同時に金利の上昇を伴います。つまり、国債の発行金利も上がります。ということは必然的に、**国債の利払い費も増える**のです。

昨今では年度あたりの国債発行額は180兆円くらいあります。うち、新たに発行される国債は50兆円くらいですが、過去に発行した国債を償還するための資金を調達するために発行されるいわゆる借換債が百数十兆円あるのですね。

ということは景気が良くなり、国債の発行金利(正確には表面利率)が1％上がると、1年間に支払うべき利払い費用は1.7兆円、2％アップだと3.4兆円も増えるのです。

つまり、「景気拡大⇒金利上昇」となった場合、「景気拡大に伴う税収増」と「金利上昇に伴う国債の利払い費用増」のどちらが多いかというバランスの問題になるのです。

いくつかの試算がこれまでに発表されていますが、景気回復によって金利が上昇して利払い費が増加、財政は逼迫の度を増す、というシミュレーションも少なくありません。

そうである以上、景気が回復しさえすれば日本の財政問題は片付く、と考えるわけにはいきません。こんなところにも、日本の財政問題の厄介な点が隠されているのです。

2-8 良い金利上昇と悪い金利上昇

> 景気の良さを反映して金利が上がるのは良い金利上昇。物価だけ上がって景気が悪い中で金利が上がるのは悪い金利上昇

　一時期「良い円安悪い円安」というテーマがはやったことがありました。

　緩やかな円安により、輸出企業の業績が拡大し、かつ日本株全体にもプラスになる円安が「良い円安」、急激に円が安くなったため企業の多くの経営計画に大きな変更を余儀なくされる一方、物価が一気に上がって多くの国民の生活が窮迫するというのが「悪い円安」です。

　金利の世界でも同じように「良い金利上昇なのか、悪い金利上昇なのか」が話題になることがよくあります。

　結論から言うと、**景気の良さを素直に反映して金利が上昇しているケースは「良い金利上昇」**です。

　景気がいいので、企業が積極的設備投資や新店舗の拡大を目指す

ために、借入れを積極的に行い、金利が上がるという状態です。

　つまり、景気が良く、原材料や製品に対する買いが増えているために物価が上がっているときの金利上昇が「良い金利上昇」です。「景気が過熱、物価も上がりすぎ」という状態なので、それを巡航速度に調整するために、金利を上げるのですね。

　金利を上げれば企業は借り入れを減らします。使えるお金の量が減るため、設備投資も減り、原材料、資材の買いが減り、物価も落ち着いてきます。これが「良い金利上昇」。

　一方で、**景気が良くないにもかかわらず物価だけが上がって、それとともに金利が上がる**ことがあります。これが「**悪い金利上昇**」です。

　イラン、イラクなど産油国の政治的混乱などで原油の生産がうんと減って原油価格が上がり、それが世界全体のインフレを招くなんてことはこれまで頻繁に起こったことです。2022年2月に勃発したロシアのウクライナ侵攻で、西側各国がロシアからの原油・天然ガスなどの輸入を大幅に制限したときの原油高もそうです。

　こんなとき、物価上昇を阻止するため、欧米ではいち早く金利を引き上げました。決して景気がいいわけではないのに、インフレが過熱気味になったので、それを抑えるために、景気にある程度悪影響があることは覚悟のうえで金利を引き上げざるを得なかったのですね。これなどは典型的な「悪い金利上昇」といえます。

```
　　　　　　　良い金利上昇
①景気拡大を伴った金利上昇
②消費・設備投資が増えたことで物価が上がり、それが金利上昇
　につながったとき
③金利上昇にもかかわらず株価は適度に上がり続けているとき
```

```
　　　　　　　悪い金利上昇
①税収が上がらず国債の発行が急増し、金利が上昇するとき
②供給が減ることで物価が上がり、それが金利を上昇させたとき
③金利上昇で株価が急落するとき
```

　また、金利の上昇ピッチが急だと企業業績に与えるダメージは大きく株は下がります。こんなのも、悪い金利上昇って言えます。中央銀行が景気判断を誤り、金利の引き上げを急ぎすぎ、それで景気が悪化したというのも悪い金利上昇です。

　こんな風に、表面的には同じように金利が上がっているときでも、その原因は様々です。
　ただ、現実に金利が上がっている中で、それが「良い金利上昇」なのか「悪い金利上昇」なのか即断するのは簡単ではありません。そんなとき一番簡単なのは、その金利上昇とともに株価全体が上がっているかどうかを見るといいですね。**金利が上がっているのに、株価は適度に上げているんだったらひとまず「良い金利上昇」**と考えられるでしょう。

2-9 なぜ日本の金利は上がらなかったのか

> 日本の金利はだいたい各国最低だ。
> いつも最低であるのはインフレ率も成長率も低いことだ。

長期にわたって世界各国の金利を観察していると、多くの時期で日本の金利はほぼ最低であることが分かります。なぜ日本の金利は欧米の金利ほどには上がらないのか？

1，物価が上がらないから

一番の理由は、日本は欧米に比べ**インフレ率が低い**ことが1つです。金利を決める最大の要因は物価です。物価が上がれば金利は上がるのが原則です。

昔から日本のインフレ率は世界でも最も低いことで知られます。主な要因は、**国内での生産（供給）が消費（需要）を上回る状態が続いてきた**ことです。つまり、国内では買いエネルギーが相対的に弱いので値段が上がらないのです。

しかし、逆にたとえば米国では需要が企業の供給を上回っています。すなわち米国では、国内消費を賄うだけの量が生産できていない。だから物価は上がりがちになります。何しろ、売りより買いの方が常に多いのですから。

　ともあれ、需要が相対的に強い欧米各国ではインフレ率が高く、日本では低いのは、経済の原理から見て当たり前だったのです。この状態はまだまだ続きそうです。つまり、日本は欧米より金利が低い状態がこれからも続くということです。

2，経済成長が低いから

　2つ目は、米国をはじめ海外諸国に比べ、日本の長期間にわたって**低い成長率が続いている**ことです。

　2023年までの10年間の実質経済成長率は米国が2％であったのに対し、日本は0.8％にすぎません。この成長率の低さは主に、企業の設備投資、個人消費が伸びないことが主因です。

　景気が悪ければ金利を上げられないのは当然です。ただでさえ良くない景気をさらに冷え込ませてしまうからです。

　これを受け、今回の世界的にインフレの嵐が吹き荒れたときでも2022年半ば、米国が一時9％台に達しているのに、日本は2023年初めにやっと4％に届いたという程度でした。

　先の説明とも重複しますが、日本の成長率が低い原因の1つは、**国内の需要（消費、投資）が盛り上がらない**ことです。

　特に個人消費は長期にわたって低迷を続けています。個人消費と

いえば国全体の需要の6割近くを支えているのですから、これが盛り上がらない限り、需要全体が増えず、したがって経済成長率も伸びないのは当然です。

　勤労者の実質賃金は、1997年頃をピークにその後2割近く減少しています。1人当たりの老齢年金給付額は実質的に切り下げが続いており、預貯金からの利子もほとんどゼロの状態が続いています。また、急速に高齢化が進んだことで消費自体が伸びなくなったことも、経済成長率を下げました。

　さらには、現代の産業をけん引するデジタル、ITの分野で、欧米先進国だけではなくインド、香港、韓国などにも後れを取ったことも企業の国際競争力が落ちた原因の1つです。

　日本の金利が低く、それは物価、経済成長率が伸びないことが原因である以上、**これからの金利の動きを見るうえでは、物価と経済成長率の2つが最大のキーワードになる**と見なければなりません。

3章

What happens if interest rates rise?

私たちをとりまく金利と景気・政策・為替

3-1 金利を動かす3大原因とは？

> 各種経済要因が金利に及ぼす影響を見るとき、物価データと景気データが最も重要。基本は物価上昇 → 金利上昇、景気上昇 → 金利上昇だ

　金利に影響を与える要因はいろいろありますが、日本の国内金利に限っていえば、**国内景気動向**と**物価動向**ならびに**外国為替相場**が最も重要なものです（ここでは結論だけを述べます。詳細な理由は次項以降で説明します）。

1, 物価

　物価の動きが金利に対して与える影響はきわめて重要です。
　物価の動きはインフレ率で表されます。基本的には**「インフレ率上昇」→「金利上昇」**であり、**「インフレ率低下」→「金利低下」**です。このうちインフレ率上昇→金利上昇は、2020年以降世界中で観察されたことは序章ですでに述べました。
　ところで、日本の金利水準が全体に上がっているのか、下がりつ

つあるのかを最も手っ取り早く知ることができるのは、**国債の金利や、銀行の対企業向け貸出金利**です。

中でも、国が歳入確保のために発行する10年長期国債の市場での売買利回りは、これからの金利動向を先行的に示すことで、関係者間の注目度の高い指標です。

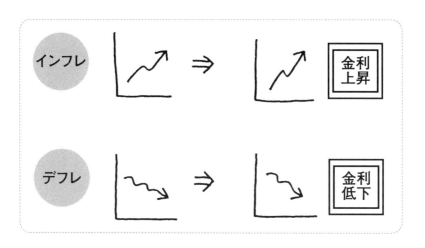

2，国内景気動向

国内景気動向から見ると、景気の現状や先行きについて**景気拡大は金利の上昇**を、**景気低迷は金利の下降**を促します。

ですから、たとえば鉱工業生産指数・商品指数・株価・生産者出荷指数などが順調に伸びているときには、景気の拡大を意味するので、金利は上昇すると読むのが原則。

同じように、失業率や企業倒産数の増加は不況を示すので、金利は下降するだろうと予想できます。

これらの各景気に関する指数を総合的に示すものが、内閣府が毎月発表している「**景気動向指数**」です。

　これは、プラスが50％以上であれば景気は拡大過程にあり、50％以下であれば景気収縮過程にあると考えるのが基本です。
　さらに、各種の経済活動のあり方を最終的かつ総合的に示す**国内総生産（GDP）統計データ**は、金利の動きを見ていく上でとても重要です。

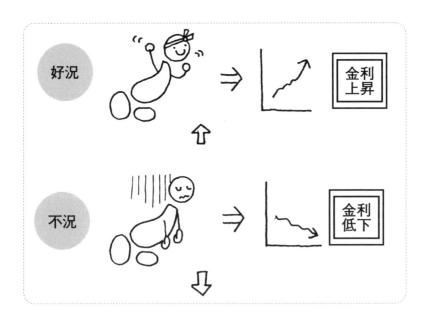

　GDP伸び率として示されるのが「**経済成長率**」なのですが、これがあらかじめ市場関係者の予想を上回ったときには金利は上昇、予想以下にとどまったときには金利は下落するのが一般的です。

3，外国為替

外国為替相場について見れば、**円安は国内金利の上昇を、円高は金利低下**を予想させます。通常、ドルとの間での相場が基準になります。

ただし、現実的には、たとえば円安になったときに、①まだこの先も円安になると読む場合と、②円安の方向にふれたため、次は逆に円高になると予想する場合とでは、金利の先行きの読み方はまるきり反対です。

②の場合には、原則として、金利が下がることが予測されます。

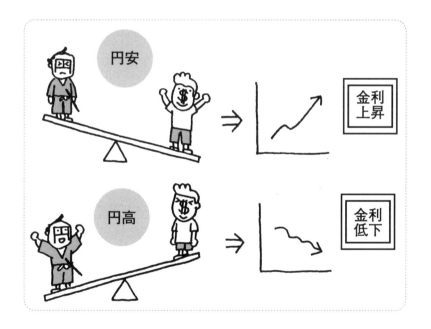

3-2 物価が上がれば金利が上がる

> インフレ時には消費活動が前倒しになる結果、資金需要も前倒しになる。この場合銀行からの借入が増え、金利は上昇する

　これまでにも断片的に述べてきましたが、金利は実にさまざまな要因で動きます。
　ここではまず、物価との関係から始めましょう。
　マネー経済を読む場合に、決して見過ごすことのできないデータの1つが物価です。金利動向を見るときは、とくに物価動向からは目が離せません。

　たとえば、モノ一般の値上がりが急激になってきたとしましょう。この場合、他の条件がそれ以前と変わらなければ個人、法人の別を問わず「早目に購入しておこう」と考えます。これは、バブル期において東京都心3区の地価の値上がりが業者の先高を見越した仮需要（先買い）にあったことを思い浮かべてみるといいでしょう。
　あるいは、タバコの値段が一気に上がったとき、大量に買い込ん

だ人のことを思い起こされるかもしれません。

つまり、**早目にモノを購入する**という動きが強まってくるため、**預金したり、債券を買ったりしなくなる**のです。

要は貯蓄よりも消費に力点が置かれるのです。

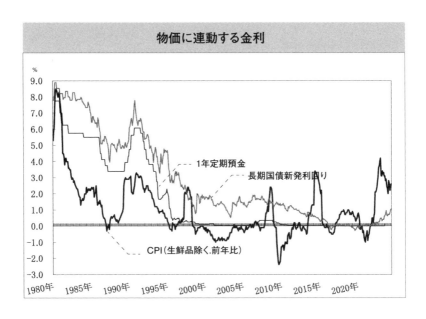

物価に連動する金利

このような流れのなかでは、預金や債券の人気が離散してこれらの金利を引き上げることになるわけです。

どうして預金しなくなると金利が上がるのか

このうち後半の部分（預金や債券の人気離散→金利上昇）はちょっと理解しにくいかもしれません。分かりやすく説明しておきましょう。

　原則として、預金者はより高い金利を、銀行はより低い金利を希望します。

　ところが、「物価の上昇→預金の人気離散」という状態のもとで預金者が少なくなった場合、その銀行は金利を上げて預金攻勢をかけようとするはずです。預金者にとってよりいい条件にしなければ、預金が集まらないからです。

　さらに言えば、上昇傾向が著しいモノを早目に購入するために、現在保有している債券を売却する動きも出てくるでしょう。

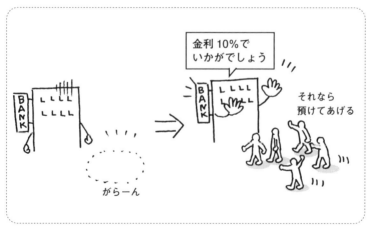

この場合にも金利は上昇することになります。

これは**債券を売却 → 債券価格の下落 → 債券利回りの上昇**と考えれば、よくお分かりでしょう（その理由は5章で説明します）。

　一方、物価高 → 金利上昇というメカニズムについては、日銀の金融政策面からも説明できます。
　インフレが行き過ぎると、食糧、雑貨などの日常品の価格上昇により、特に低所得者層の生活が窮乏する恐れが出てきます。これは社会全体の不安定化につながります。
　これを防御するために日銀は、政策金利の引き上げにかかります。政策金利を上げれば、金融機関の企業向け貸出金利なども上がるため、企業などの借入れ意欲が減退します。つまり、企業は今までほどにはお金を使えなくなるわけですから、原料の購入や設備投資などを買う力が減ります。
　個人も同じく消費を控えます。これは、物価下落を促します。こうしてインフレを緩和できるのです。

　このような効果を狙い、日銀は政策金利を引き上げるのが基本です。つまり、こうした面からもインフレ高進時には金利は上がるのです。これは諸外国でも同じような事情にあります。
　2021年以降、世界的なインフレに対応した各国は、こぞって政策金利を引き上げたことはすでに述べた通りです。

3-3 景気の好不況と金利

> 金利を基本的に決めるのは景気。資金需要の多寡がポイント。景気が拡大すると金利は上昇、景気後退期には金利下落が原則だ

物価に次いで重要なのが、景気変動が金利に与える影響です。

結論から言うと、**景気拡大期には金利は上がり、景気後退期には金利は下がるのが基本**です。

景気がよくなり企業も個人も活動が活発だと…

景気が極めて順調に拡大しているシーンを想像してください。

電機、自動車の売れ行きがよく、高級レストランでも客の入りがとてもいいという状態です。

それに応えるように企業も生産を増やし、事業の拡大を図ります。

つまり企業活動、個人の消費活動ともに活発なのです。こうした時期には企業は積極的に設備投資を行います。雇用も増やします。販路の拡大のために新たな店舗も作るでしょう。

そのためには資金的な裏付けが必要です。そこで金融機関から積極的に借り入れます。

　このため、銀行などの貸出金利は上がります。それでも貸出があまりに増えると、銀行は貸し出すための原資が不足することも考えられます。

　そうすると、銀行は短期金融市場で他の銀行などから資金を活発に取り入れます。コール市場で、いろいろな金融機関が互いに資金の過不足を調整するための資金の貸し借りを行っていることは、すでに53ページで述べたとおりです。

　あるいは、企業によっては社債の発行を積極的に行って、資金を調達する動きも出てきます。多くの企業が社債の発行に踏み切ると、社債利回りも上がります。

　こうして景気が過熱化すると、中央銀行は景気の速すぎるスピードを調整するために、政策金利を引き上げることがあります。つまり、金融政策面からも金利が上がることが多いのです。

景気が後退期に入ると……

　ところがあらゆる金利が上昇してある水準に至ると、今度は逆に金利の高さがネックになって、企業の収益率が低下していくことが往々にしてあります。

　この場合、業績はダウン、さらには設備稼働率が下がり、給与の伸びは止まり、失業者が増え……というように、景気拡大時期とは逆のサイクルに入ります。

こうなると、企業や個人の資金需要は急速に減退するため、金利は逆に下がっていくことになります。

　とともに、このような景気後退に歯止めをかけることを狙って、中央銀行は政策金利を引き下げるのが普通です。金利を下げることで、より借り入れコストの低い資金を企業などが潤沢に使えるようにして景気テコ入れを図ろうとするのです。

　わが国は実に30年以上にわたって超の字が付く金融緩和・低金利政策を推し進めてきましたが、その主な要因は、この景気の低迷にあったことはいうまでもありません。この間、世界でも最も金利が低い状態を経験してきたのです。それが「失われた20年」とか「30年」という言葉が意味していることだったのです。

　このようにして**景気は循環していく**のですが、金利もそれにとても似た動きを示すのが普通です。
　つまり、景気循環サイクルと金利循環サイクルとは互いによく似通っているのです。

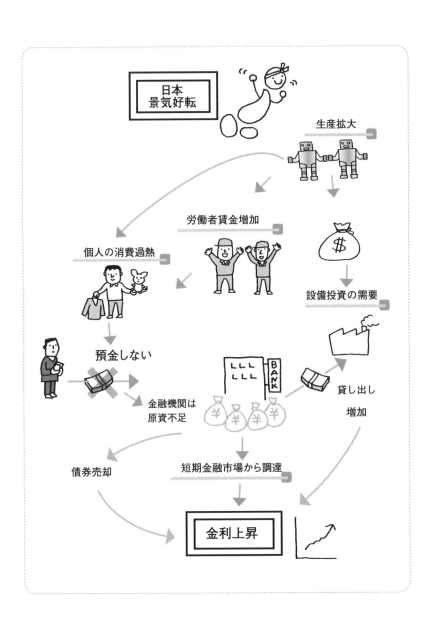

3-4 為替相場の変動が金利に及ぼす影響

> 今後為替相場が高くなると見込まれる通貨の金利商品には買いが増加し、その金利商品の金利は下がるのが基本

　国際的な資本の移動は、日本の金利に大きな影響を及ぼしています。たとえば今後円高が進むことが予想される場合、次のような動きが活発になります。

①米国の債券で運用してきた日本の投資家は、（円高・ドル安による為替差損を避けるために）このドルを売って円に換え、国内の債券を購入する。
②米国の投資家は、（円高・ドル安による為替差益を得ようとして）手持ちのドルを円に換え、日本の債券を買う。

　こうした投資家の動きは、日米の金利に次のような影響を及ぼします。

③日本の債券に対する買いが増え、利回りは下がる。※
④米国の債券への売りが増え、利回りは上がる。

※売りが増えると価格が下がって買い手に有利＝利回りは下がる。詳しくは5章で説明してあります。

つまり、『今後**為替相場が上昇すると見込まれる通貨の金利は低下**、逆に**相場が下落すると見られる通貨の金利は上昇**する』ということになるのです。

円高と低金利はこうリンクする

では次に、これからさらに円安になるだろう（円の通貨価値が低くなるだろう）場合について考えてみましょう。

①海外の投資家は円貨で日本の債券を持とうとする意欲が減退するはず。むしろ、すでに保有している日本の債券を売ろうとする
②債券の売りが増え、利回りは上がる
③他の金利もこれに引っ張られる形で上昇する

つまり、円安 → 日本金利高、円高 → 日本金利安になるわけですね。

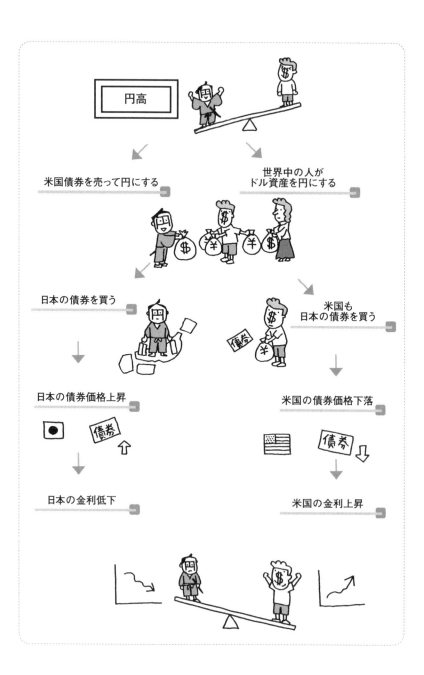

金利が為替相場に与える影響は

では逆に、金利の動きは為替相場にどのように影響するでしょうか。

たとえば、国内の金利水準が一段高になった場合、海外の投資家は相対的に有利になった日本の債券などの買いを増やします。ということは、その投資家は自国通貨を円に転換した上で、日本の円建ての債券を買う（外為市場で円以外の通貨を売り、円を買う）わけだから、円の相場は強くなります。米国の投資家であればドルを売り、円を買うため円高になるのです。

あるいは企業が新規資金の調達のため債券を発行しようと考えていたとしましょう。国内金利が高くなってきたため、同じ債券を発行するなら、相対的に金利が低い海外で行なおうと考えがちです。

そして実際に、たとえば米国市場で債券を発行した場合、調達した資金はドル通貨ですよね。この資金を日本国内に持ちこんで使おうとすると、このドルを売って円に換える必要があります。つまり円高になるわけです。

金利低下の場合は、逆のプロセスを経て円高になります。

つまり**金利高 → 円高、金利安 → 円安**という図式が成り立つのです。

3-5 株価も金利に対して重要な影響力を持つ

> 株価が上がれば株式への買いが増える一方では債券が売られ、債券利回りは上がるのが原則

　次ページのグラフは、長期にわたって株価と金利の動きの間にどんな関係があったかを検証したものです。

　全体としてみれば、相当程度の連動性が読み取れますね。つまり、「株価上昇」と「金利上昇」がセットに、「株価が下がっている」→「金利も下がっている」ことが分かります。とすれば、2つのファクターの間には何らかの関係があると見るのが自然です。

　株価が順調に上がっているときには、「先行き企業業績がよくなる兆候が出てきたな」→「ということは企業の資金需要も高くなってくるな」→「日本の金利水準は全体に上がってくるだろう」という予想に基づいて債券の売却が増えてきます。

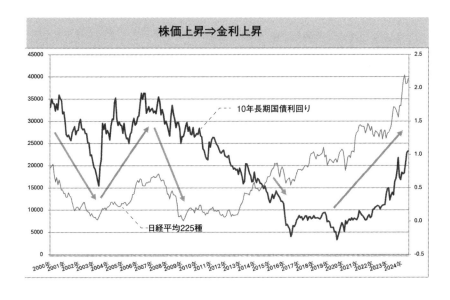

つまり、「**債券売却**」→「**債券価格下落**」→「**債券利回り上昇**」というように、金利が全体に上がってくるわけです。

　逆に、株価が下がる一方の時期は、株価下落を回避する政策が取られます。マーケット参加者はそのように先読みします。つまり金融面では緩和政策への移行と金利の低下を予想するのです。

　すなわち、近い将来の債券利回りの低下（債券価格の上昇）を予測して、多くの市場参加者は債券の購入を積極的に行います。

　そうすればその買いがさらに債券の価格を押し上げ、利回りを下げるということになるのです。

3-6 金利を取り巻くメカニズムに大異変が起こっている

> 金利が動くしくみは、近年で大きく変わった。
> すでに昔の常識は、今の非常識になっている

　金利をめぐる経済メカニズムの基本は、前項までに記した通りです。ただし、ここで違和感を覚えた方も少なくないと思います。
「これだけ金利が低い時代が長く続いたのに、日本の景気は一向に上向かないじゃないか」
「低金利は物価を上げるのが原則っていうけど、ここ30年ほとんど物価は上がらなかったよね」と。
　確かにおっしゃる通りです。
　実は、**いままで当たり前だった金利をめぐる経済メカニズムの原則が、近年、大きく変わってきている**のです。それはわが国の経済構造が、過去数十年の間に劇的に変化してきたためです。

　ここでは前節までの「金利をめぐる原則」が必ずしも通用しなくなってきた世界をご紹介しておくことにしましょう。

1，低金利が続いても景気は浮揚しない

　私たちは過去20数年にわたって「金利低下で景気が上向く」という「古い常識」が通用しないことに気付かざるを得ませんでした。何しろ、世界一の超低金利を20年以上も続けていながら、日本の経済成長率は先進国中ほとんど最低だったからです。その象徴的な出来事が、世界2位の経済大国であった日本が2010年には中国に抜かれ、2023年にはドイツに抜かれたことです。さらに、2025年にはインドに抜かれる見込みです。勤労者の平均給与は韓国はおろか、トルコにも抜かれたことが明らかになりました。

　これだけ長期にわたって金利がほぼゼロの状態が続いたのに、なぜ景気は一向に上向かないのか？

　これにはいくつかの複合的な理由があります。

①無視できなくなった低金利⇒家計の利子収入減少

　教科書では金利低下の効果については「企業など借り手が有利になる」面のみが取り上げられがちです。しかし、お金を貸す側、つまり預金者の事情も考慮する必要があるはず。

　古くから「お金の貸し手」である家計は、**低金利の長期化で預貯金を通じて受けとっていた利息がほとんどゼロになりました。**

　1990年代初めの家計預貯金は600兆円、1年定期は5％でしたから、年に30兆円の利息が家計に流れたのですが、今は預貯金の利息はほぼゼロ。**失われた所得は実に30兆円**です。300万円の預金だと15万円はあった利息が吹っ飛んだ状態が、20年も続いたわけです。これが今日の家計消費の不振の一因なのは間違いありません。

②自前の銀行を持ってしまった企業

さらには「お金が余っている家計から銀行経由で資金不足の企業へマネーが流れる」という旧来の経済構造が崩壊しつつあることです。

実は20年以上前から**日本の民間企業は「資金余剰」だった**のです。つまり「（不足しているので）借りるお金」よりも「（余っているので）預貯金や投資に回さざるを得ない」お金の方が上回っていたのです。

こうして余裕資金をため込んだ民間企業は、いまや300兆円を超える現金・預金を持つに至ったのですね。いってみれば、企業が自前の銀行を持ったようなものです。こうなると、銀行から借入れる必要がなくなってくる。だから、金利が下がっても「コスト低下⇒借入増加⇒業容拡大⇒景気拡大」という昔の常識は成り立たないわけです。

『低金利政策の長期化は景気をむしろ損なう』。今では、こう考えるエコノミストも少なくありません。

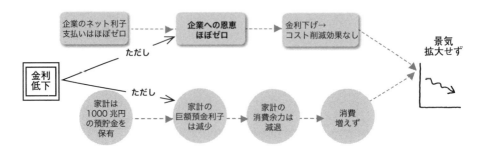

column

低金利が続くと人は貯蓄を増やす！？

「低金利時には預貯金には魅力がないので、多くの人は資金を消費に向ける。だから金利を低くすると景気にはプラス」これが古くからの常識とされてきました。しかし、実はそうではない、という統計調査があるのです。

2010年代後半のこと、オランダの大手銀行が『預貯金がマイナス金利になったらどうする』と預金者にアンケートをしました。調査対象はユーロ各国の一般の個人。そうしたら意外な結果となったのです。

何と「消費を増やすのではなく、貯蓄を積み増す」と答えた人が圧倒的に多かった。なぜか。**マイナス金利が続くということは同時に不景気な状態が続くことを意味するから、将来が不安だ**というのです。だから消費を抑えて貯蓄に回す。つまり、生活防衛を第一に考えるというわけです。

それまでの常識では「利息を取られるくらいなら、人はドンドン使ってしまう」と考えられていたので、この調査結果はちょっとした驚きを持って受け止められたのです。

まとまったお金を貯めるためには、金利が高かったら1回当たりの積立ては少なくて済むけど、金利がマイナスになれば毎回の積立金を増やさなければならない。だからマイナス金利だとできるだけ貯蓄に励む、というわけです。従来の常識からみると、まさに逆転の発想です。

しかし、デフレ経済の下でほとんど金利がつかない時代が約30年も続いていながら、日本の個人の預貯金は減るどころかどんどん増えてきたという事実を見ると、この調査結果もなるほど、と思わされますね。

わが国が長期間、超低金利政策をとってきたのに、一向に個人消費も上向かず、景気も良くならないのは、こんなところにも原因があったのかもしれないのです。

2，景気拡大でも金利上がらない

「景気が多少良くなっても、金利は低位に張り付いたままほとんど動かず」。これまでの日本はこんな状況でした。企業収益は順調に拡大、税収が伸びているのに金利が本格的に上がらなかったのです。「それは日銀が金利を抑えているからでしょ」と考える人が多いと思います。2024年3〜7月の「利上げ」もまだ0.25％程度。景気が多少上向いても、以前のようにポンポン金利は上がらないのです。なぜでしょう？

そもそも「景気拡大で金利が上がる」という考えは、「企業は資金不足だから、設備投資などのためにお金を借りる必要がある」という前提に基づいていました。しかし、今は従来ほどに銀行からお金を借りません。**企業はこれまで稼いだ利益の多くを自己防衛のために抱え込んでいる**からです。これは先ほど取り上げた通りです。

いまや民間企業は経済社会を構成する中では「お金が余っている」部門であり、銀行から借りたり、社債を発行するニーズに乏しいのです。借入れ需要が少なければ金利が上がらないのは当然でした。つまり、景気が多少良くなっても借入れは増えない、だから金利は上がりにくいという構造になってきたのです。

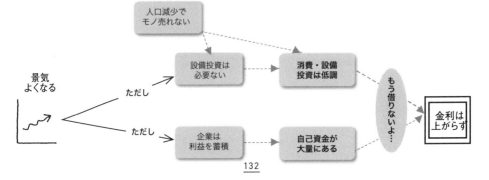

3，金利引き下げでも物価は上がらず

　30年にわたり日本の金利はほぼゼロに抑え込まれていたにもかかわらず、2022年に海外発のインフレが起きるまで、日本の物価はほとんどゼロに張り付いていました。なぜ日本では「低金利は物価を上げる」という原則が通用しなかったのでしょうか？

「金利を下げるなどの緩和政策をとれば、物価は上がるはず」。
　この原則は、2013年から始まった超金融緩和政策（異次元緩和）を支えた理屈でした。金利を下げ民間にお金を大量にばらまいて消費・設備投資を刺激すれば、モノ・サービスが売れ、それを受けて生産が活発になる。この循環によって企業は儲かり、賃金が上がり、景気は上向く。こんなシナリオが描かれていたのです。
　しかし、少なくとも輸入に依存する原油価格上昇の影響を受ける2020年までは、この理屈はまったく通用しませんでした。消費増税を除けば、日本の物価はほとんど上がらなかったのです。

　では、なぜマイナス金利政策まで採用したのに、日本では自律的に物価は上がらなかったのでしょうか。アベノミクスがスタートする2013年4月、日銀は「2年後に2％のインフレ」という目標を設定しました。しかし、実際には「2年後」どころか、9年後の2021年でもインフレ率はほぼゼロだったのです。
　改めて振り返ってみると、従来には見られなかったいくつかの要因がありました。

① 将来不安から消費の減少

　本格的な少子老齢化社会に突入した日本経済は、長年にわたってデフレを余儀なくされてきました。一方で年金、医療などの政府支出は増加し続け、そのため消費税などの税や医療保険などの社会保険料の負担は重くなる一方でした。

　こうした負担増・収入減に対して将来への不安を高めた家計は、自己防衛的な生活スタンスに傾斜せざるを得なかったのです。つまり、消費を抑制してきたのです。消費が増えなければ販売者側も値上げはできません。

② 家計所得が減り続けてきたこと

　1997年をピークに日本の勤労者の平均賃金はそれまでとは一転、その後20年以上にわたり減り続けています。日本の企業の国際競争力がどんどん低下していく中で企業が自己防衛のために賃上げを抑制し続けました。

　低金利の長期化で利息収入がほとんどなくなり、公的年金給付額が減る一方であったことも、家計全体の収入を減らしたことは言うまでもありません。

③ IT、デジタル技術の飛躍的な進展

　2000年前後から、各種のデジタル技術の進展に支えられる格好で、情報通信革命に拍車がかかりました。その典型が、スマホに代表される電子機器の機能の多様化です。スマホの機能が上がるにつれ、カメラ、ビデオレコーダー、ラジオなどへの需要が激減、価格はドンドン下がっていったのです。

一方、デジタル技術の進展は、あらゆる商品の流通システムを根底から変えました。アマゾンに象徴される電子商取引（EC ＝ Eコマース）では、実店舗を構えた場合に比べて諸経費が極端に低いため、多くの商品の値下げが可能になりました。保険の通信販売も同じです。

　こうした各種要因が複雑に絡み合い、結果的に日本の物価は浮力を失ってきていたのです。
　2022年から突如始まった日本のインフレも、もとをただせば旺盛な消費に支えられたものではなく、ほとんど90％以上は原油をはじめ穀物などの食料品など海外発のインフレであったのです。

3-7 懸念され始めた ゼロ金利長期化に伴う副作用

> ゼロ金利政策が長引いたせいで貯金の利子を受け取れない家計が疲へいしたり、ゾンビ企業がはびこって景気は上向かなかった

　金利が下がれば企業業績並びに景気にはプラス。これは、経済の原則です。だからこそ、景気後退期には金利は引き下げられるのです。すでに説明したとおりです。

　しかし、過去20年にもわたるわが国のゼロ金利政策はむしろ副作用が大きいとの議論が浮上してきています。つまり、「短期的にはゼロ金利は景気にプラス」だが「それが長期化するとむしろマイナス」だというのです。

　ではゼロ金利の副作用とは何か。金利がゼロであれば景気に対してどんな不都合があるのでしょうか。
　ここではそのマイナス面に焦点を当ててみることにしましょう。

預貯金金利がほぼゼロだと経済格差が拡大する

最も重要な点は、**預金金利がほぼゼロ**になることです。

わが国の家計金融資産は約 2000 兆円。そしてその半分強に当たる 1000 兆円程度は預貯金です。

この預貯金の利率がほんの1%高かったとしたら、それだけで年間の受取利子は年に 8 兆円多かったはずです。

年間 8 兆円と言えば、これは消費税の約 3% 分に相当するくらい影響力を持つ金額です。

この 8 兆円の半分（4 兆円）が家計の消費に充てられただけでも、日本の GDP600 兆円からみれば 0.7% 程度の景気押し上げ効果があったはず。つまり（この点だけを取り出してみれば）それだけ**経済成長率が高まったかもしれない**のです。

一方、**低金利は株価にはプラス材料**です。

低金利⇒企業の利子負担軽減⇒業績アップとなりがちだからです。そして株式の保有者には富裕者が多いことは言うまでもありません。そして、低所得で資産を持たない人は株式のリスクが取れないために、金融資産といえばもっぱら預貯金です。つまり、**低金利⇒株高の時期には経済的な格差が拡大**するのです。

実際、2013 年からは過去に例を見ない金融緩和政策・ゼロ金利政策がとられる一方、1 万円前後だった日経平均株価は 4 万円台にまで上昇しています。

これが、家計レベルでの格差拡大をもたらしたことは間違いありません。

ゼロ金利下でゾンビ企業がはびこる

2つ目は、ゼロ金利という異常な金利情勢の下で、本来ならば淘汰されるべき企業が生き永らえていることです。

何しろ金利がほとんどゼロでお金が借りられるということは、**業績が悪い非効率な企業も存続できる**ことを意味します。

これは「非効率な企業は退出するほうが産業全体の効率を上げる」という点からみれば、経済全体の沈滞につながりかねません。こうした状態が長く続けば、多少でも金利が上昇し始めると途端に破綻に向かう企業が続出することにもなりかねません。

銀行の本来業務に支障

3点目は、銀行が本来果たすべき金融機能がマヒしかねないことです。

過去に例を見ないほどの超低金利の下で、**銀行は適切な利ザヤを得ることが難しくなってきています**。預貯金もほぼゼロ金利なのですが、一方では貸出金利もすでに1％を大きく割り込んでいます。

一般に銀行は預金金利より貸出金利のほうが0.8％程度は高くなければ、預金・貸出業務に伴うコストは吸収できないとされていますが、現状はすでにぎりぎりのラインです。

つまり「貸し出し業務では儲からないので貸出業務を縮小する」となれば、**企業への円滑な資金供給機能が低下**する恐れがあるのです。

経済メカニズムは複雑です。金利低下あるいはその結果としてのゼロ金利政策は、短期的には確かに景気に対してプラスに働きます。しかしそれが長期化すると、むしろマイナス面が強く表れてくることも無視できないのです。

　これは、**ある1つの経済事象（政策）が他のファクターに対して与える影響は、短期と長期では逆である**場合が少なくないことを教えてくれます。

　ひどい痛みに処方される劇薬は短期では効果を発揮しますが、これを長く続けていると確実に副作用で身体が参ってしまうように。

3-8 国内短期金利を日経記事で読む

> 期間1年以下の短期金利のなかでは無担保コール翌日物金利（政策金利）が決定的に重要。これが預貯金など国内の短期金利を基本的に決める

　この項からは、いくつかの代表的な金利を日経新聞紙上でどのようにチェックすればいいのかを述べます。

　資金の貸借が行なわれる金融市場には、取引期間が1年以下の短期金融市場と1年を超える長期金融市場があります。
　このうち短期金融市場とは、おもに金融機関や企業が、期間1年以下の短期の資金の運用あるいは調達（つまりはお金の貸し借り）を行なうための市場です。
　大別すると金融機関だけが参加できる**インターバンク（銀行間）市場**と、企業や地方公共団体なども自由に参加できるオープン市場があります。
　インターバンク市場のうち最も中心的な存在として機能しているのが、**コール市場**です。

ここでは、資金が不足しがちな都市銀行や証券会社などと、農林系の金融機関や信託銀行といった資金にゆとりのある機関がごく短期の資金を貸し借りしているのです。

　そしてここで付いた金利を**コールレート（金利）**と呼びます。

　そのうちの「1日限りで貸し借りするコール取引」で成立した金利が**翌日物コールレート**です。これが**日本の政策金利**であることはすでに説明しました。

　別掲表が、日経新聞で報道される短期金融市場欄です。コールレートはすべて「出し手」の基準で表記されています。出し手とは、資金を出す（運用する）側という意味です。

短期金融市場 （19日）

（金利、利回りは%）

◇コール（短資協会、加重平均、速報）

	無担保	有担保
翌　日	0.227	—
1週間	0.244	—
2週間	—	—
3週間	—	—
1カ月	—	—
2カ月	—	—
3カ月	0.350	—

◇全国コール市場残高
（16日確報、億円）　109511

◇CP気配（短資協会）

<現先>

	売り	買い	売り	買い
			前日	
翌　日	0.143	0.293	0.143	0.293
1週間	0.146	0.293	0.146	0.293
1カ月	0.150	0.340	0.150	0.340

◇国庫短期証券利回り
（日本相互証券、BB国債価格）

銘柄	引値	前日比
3カ月 1250回債	0.110	0
6カ月 1248回債	0.140	0.02
1　年 1244回債	0.210	0

◇東京レポ・レート（日本証券業協会）

	平均値	前　日
翌　日	0.223	0.230
1週間	0.188	0.186
1カ月	0.185	0.184

◇東京銀行間取引金利
（全銀協運営機関）　TIBOR

	日本円 365日ベース	ユーロ円 360日ベース
1週間	0.23455	0.27400
1カ月	0.33636	0.40600
3カ月	0.44727	0.25500
6カ月	0.44364	0.24500
1　年	0.53818	0.59000

◇TORF（東京ターム物リスク・フリー・レート）　（QBS）

		前日
1カ月	0.22375	0.22375
3カ月	0.22375	0.22375
6カ月	0.26438	0.26438

日本経済新聞朝刊 2024年8月20日

3-9 長期金利の動きを読む

> 長期金利の指標は新発10年国債の利回り。長期固定の住宅ローン金利や長期プライムレート、期間3年以上の預貯金等の利回りにも大きな影響を与える

　債券の売買利回りは、住宅ローン金利や預金金利などとは異なり、時々刻々変わる市場での需給バランスによって決まります。

　なかでもとくに、**長期国債の市場売買利回り**は、非常に重要なシグナルです。このため、現在金利がどの方向で動いているのかを見る際は、最も先行的な動きを示す指標としてチェックする必要があります。とくに、期間が3年以上の長期金融商品の利回りの先行きを見るには、最も参考とするべき利回り指標です。

　期間10年以上の固定金利型の住宅ローン、期間3年以上のスーパー定期といった金融商品だけではなく、企業が長期の設備投資資金を借りる際の基準になる長期プライムレートなどは、原則として長期国債の市場での利回りを基準にして決められます。

これを報じているのが下です。これは、具体的にはこれから発行されようとしている**「期間10年国債」**が、大手証券会社、メガバンク、機関投資家等によって取引が行われる際に付いた利回りです。日中でも常に変動しており、ここに記載されているのは、午後3時現在での、その日の終値とされる利回りです。

　日本ではこの期間10年国債の利回りはすでに25年以上にわたって2％以下、少なくとも過去15年間ではほとんど1％以下でした。これは、日本が発行する**国債のほぼ95％は銀行や年金といった巨大な資金を擁する機関投資家が、大量に買っている**ためです。つまり、国内で巨額の余剰資金があることが、国債の価格を引き上げ、利回りを低位に押しとどめてきた一因でした。

```
債券市場        （19日）
◇新発10年国債（店頭売買参考統計値）
 利回り（終値）      前日比
375回債   0.885％    +0.015
     （日本証券業協会発表、業者平均、単利）
◇日経公社債インデックス
 短 期 債            0.60
 中 期 債            0.74
 長 期 債            1.43
◇日経国債インデックス          0.615
```

日本経済新聞朝刊 2024年8月20日

　さらに、過去20年間、特に日銀が一貫して低金利政策を取ってきたことが理由であったことは、ここまでお読みの読者にはお分かりでしょう。日銀が金利を低く抑え込むことで、短期の貸出金利や預貯金金利が低くなったため、預貯金をあきらめて多少でも金利の高い国債などの債券投資に向かいました。あるいは債券で運用される投資信託（ファンド）を積極的に買ったのです。

　こうして債券が買われて価格が上がると、利回りは下がります。こうしてわが国の金利は短期の政策金利だけではなく、長期国債などの長期金利も同じようにきわめて低い水準を維持してきたのです。

3-10 日本も影響を受ける海外金利の動きを読む

> 海外金利で重要なのは米国債の10年国債。短期金利としては、米国の3ヵ月ものTBも重要

　昨今、海外の金利動向を知ることの重要性が高まってきました。1つは海外金利と日本の金利の差が変動することで、為替相場が大きく動くことが多いためです。

　日本の金利に対してたとえばドル金利が相対的に高くなれば、ドル高になりがちです。あるいは、海外市場で付いたドル金利などが直ちに日本の金利に響いてくるようになってきました。

　もう1つ。日本で販売されている投資信託のうち最大勢力の1つが、いわゆる**外債ファンド**です。つまり海外で外貨建てで発行された債券を投資対象として運用されているファンドで、そのほとんどは個人投資家が保有しています。

　外債ファンドの価値（基準価額）は、運用されている外債そのものの価格並びに利回りの変動によって変わります。外債ファンドの保有者は海外の国債の利回り動向には注意が必要です。

左の表は日経夕刊に掲載される海外の主要金利表です。

海外金利のうち最も重要なのは**米国債10年**、ユーロを代表する**ドイツ国債10年の利回り**、そして米国短期金利の代表**TB3ヵ月**です。

米国債10年ものは、米国の長期金利の代表です。たとえば日本と米国の長期金利の差を見る場合には、日本の長期金利としては10年もの長期国債が、米国の長期金利としてはこれが用いられるのが一般的です。

一方、海外の短期金利では米国のTB3ヵ月物レートが重要です。TBとはトレジャリービル。つまり米国の短期財務省証券（＝国債）です。米国ではごく短期のTB取引市場が非常に発達しており、ここで付いた価格は米国の短期金利を代表しているといっていいでしょう。

なお、米国の政策金利である**FFレート**の動向も重要です。にもかかわらず日経新聞に記載がないのは、その性格上日々の微細な動きを報じてもあまり意味がないと考えられるからでしょう。政策金利としてのFFレートの過去からの推移などは、以下のサイトで無料で閲覧することができます（主要各国の政策金利の情報もあり）。

https://jp.investing.com/central-banks/

3-11 目が離せない米国の経済統計データ3つ

> 日本の金利に大きな影響を及ぼす米国の雇用者数、消費者信頼感指数、ISM製造業景気指数という3つのデータ

　日本の金利、債券、株、為替市場等は海外、特に米国の極めて強い影響下にあります。「米国がくしゃみをすれば日本が風邪をひく」といった自虐的な言い方が、それをよく示しています。

　米国の雇用データが予想以上に好転したことで、翌日の日本の株価が一段高で始まるといったことがよくあります。あるいは、米国の利下げ見通しが遠のいたとなると、円安・ドル高が進むといった現象が2024年にはたびたびみられました。

　であれば、日本の各種マーケットの動きを先読みするには、米国の経済、金融市場動向への注意は忘れません。

　ここで米国経済について、特に注目しておくべき経済統計データ3つを説明しましょう。

1，農業部門を除く雇用者数

　前月に比べて雇用者がどれだけ増減したかを示す指標です。「米国の現在の人口増加ピッチから見て**毎月20万人程度増えるのが景気に対して中立**」とされるため、増加数がそれ以下の場合は、景気後退と判断されることには注意が必要です。

　米国で最も重要な雇用関連データであり、株式、為替相場へ強い影響力を持ちます。しかもその影響が瞬時に現れるため、投資家にとって極めて注目度の高いデータとして知られます。

　米商務省が毎月、原則として翌月第1金曜日に前月分を、同時に前々月分の修正値も発表されます。「修正データも合わせて当月のデータを判断する必要がある」ことがポイントです。

2，消費者信頼感指数

　消費者へのアンケート調査により雇用、景況感、所得などに対する判断を数値化したものです。現時点における景況感や雇用に関する判断、ならびに将来の景況感と雇用判断、さらには所得に対して個人がどう考えているかをアンケート調査によりデータ化しています。

　米国の平均的な家計が、雇用、賃金、消費など最も重要なトピックにどの程度楽観的、あるいは悲観的な見方をしているかを表現します。

　GDPの70％を占める米国の個人消費との連動性が極めて強いことから、株式、為替市場関係者からの注目度はとても高いです。

CB（コンファレンスボード）という米国の団体が、毎月 25 日から月末までの間に前月分を発表します。

3，ISM 製造業景気指数

ISM（米サプライ管理協会）がメーカー 350 社の購買担当役員にアンケートを実施してまとめるもので、企業が生産、雇用、受注などについてどう判断しているかを示します。

具体的には、生産・雇用・在庫・新規受注・商品価格・輸入などの各項目につき、1ヵ月前に比べて「良い」「普通」「悪い」の判断を集計し、その結果から ID（ディフュージョンインデックス）を作成し、それを総合して指数化しています。**指数の値が 50％を切る**と景気後退、50％を上回ってくると景気の拡大を示すと判断されます。

4章

What happens if interest rates rise?

金利と利回りの基礎

4-1 利回りはどのようにして誕生したか?

> 資金の貸借（運用・調達）に伴う収益性，コストを一元的にみるためのモノサシが利回り。元本が一定期間にいくらの収益（あるいはコスト）を生むかという比率を示す

　この章では、お金の貸し借りについて回る金利、利回りという尺度を主に数理的な側面から説明していこうと思います。

　まずは、利回りということばや概念がどのようにして発生したのかを考えてみましょう。
　たとえば、あるAという投資手段だと3年間で100万円が120万円になり、Bでは4年半で50万円が66万円になるとします。この場合、どちらが有利なのでしょうか。

	現在		受け取り金額
Ⓐ	100万円	3年後 →	120万円
Ⓑ	50万円	4年半後 →	66万円

このままでは、直感的にはどちらが有利であるかは分かりませんね。

比率を考えるとわかる

そこで誰もが考えるのが、1年間あたりの利息の元金に対する比率が、それぞれどうかということでしょう。

Ⓐ $\dfrac{(120万-100万)\div 3}{100万} \fallingdotseq 6.667\,(\%)$

Ⓑ $\dfrac{(66万-50万)\div 4.5}{50万} \fallingdotseq 7.111\,(\%)$

つまり、Ⓑの方が有利だと分かります。これが利回りの基礎なのです。

この例でわかる通り、利回りが成り立つためには、最低限、次の3つの要素が必要となります。

① 元金
② 一定期間後の元利合計（あるいは利息の合計）
③ 期間

預貯金、債券投資などではこれが分かりやすいのですが、金、不動産、株式などへの投資においては、往々にして③の要素が忘れられがちです。ただ、値上がりした後売却して収益をあげたにしろ、どれだけの期間保有していたかということはきわめて重要なのです。

でなければ、他の貯蓄商品に投資した場合とでは、どちらが有利なのかがはっきりしません。

たとえば100円の株を買い付け120円で売却したにしろ、保有期間が半年かあるいは2年なのかによって、全く事情は異なってきます。

半年なら、1年あたりの値上がり益は40円とみなすことができるため40％、2年ならば1年につき10円で10％の利回りであったと考えられるわけです。

4-2 金利はどんな役割を果たしているの?

> 金利の上下に応じて、その金利を介して金融取引を行なう貸し手・借り手の需給バランスが変化する。つまり金利変動によってお金の流れが変わってくる

　金利とは、お金の将来価値を決定する要素です。つまりお金に付いている値段だとも言えます。

　したがって、次のような事態が起こります。

　AがBにお金を貸そうとする場合、最初は年8％で貸したいと希望したけれどBは6％でなければ借りたくないと主張したとしましょう。

　これではお金の貸借は成立しませんね。

　ただ、この場合は、双方

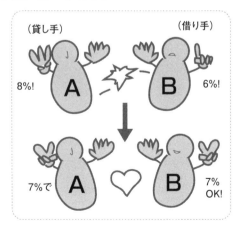

が歩み寄ることで、たとえば**年7％で貸借が成立**することになるかもしれません。

ここで2つのケースを考えてみましょう。

①貸し手と借り手の比率が10対1あるいは1対10である場合

前者の場合は、借り手市場（借り手に有利な条件で取引が成立する）となって、限りなく6％に近い水準で落ち着くでしょうし、後者の場合には8％に限りなく近い水準で取引が行なわれるはずです。

つまり、金融取引での金利は**基本的には取引当事者間での需給バランスによって決まり**ます。言い方を変えると、**お金の貸借に付される金利とは、物の売買での値段と同じ意味合い**で本来決定されるのです。

②あらかじめ決められた金利以外の金利では取引ができない場合

たとえば、上の例で金利は5％で決められていたとします。

この場合、借り手が多くなり貸し手が少なくなります。貸し手のほうに潤沢な資金があれば、借り手はドンドン借りていくことになるでしょう。

逆に、金利があらかじめ10％と決まっていれば、借り手がほとんど付きません。つまり借り入れ需要が起きないのです。

より現実的に言いましょう。ローン金利が10％であれば銀行からの借り入れに積極的になれない個人でも、これが5％になれば、より積極的に借り入れようとするはずですね。

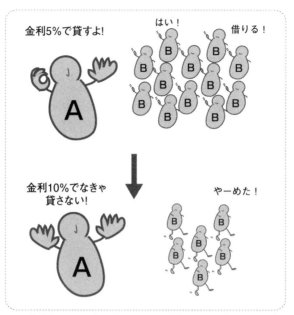

　つまり、**金利が下がれば下がるほどローンを通じて個人にお金が流れていく**のです。

　あるいは預金金利が0.03％なら預金を渋るけれど、3％なら喜んで預金しようとする。この場合、金利が高くなるにしたがって個人から銀行へのお金の流れが太くなっていくわけです。

　これが、金利機能の基本です。

　つまり、①の場合はまず需給バランスがあって、それが金利水準を決定する姿を表わしています。

　一方②では金利が先にありきで、それが取引当事者間の**金融取引需要**をどのように変えていくかという姿を表わしているのです。

4-3 インカムゲインとキャピタルゲインを区別する

> どのような金融商品でも、その収益の源泉の形態から、定期的に支払われる利子などのインカムゲイン、その商品自体の時価が値上がりするキャピタルゲインとに分類される

金融商品の収益を、源泉から分類すると2つに分けられます。

①**利子収益（インカムゲイン）** と②**値上がり益**あるいは**値下がり損（キャピタルゲイン＜あるいはロス＞）**です。

多くの預貯金は利子収益のみが収益の源泉です。これに対して土地、金などの商品は、基本的には、値上がりして初めて収益を得ることができるキャピタルゲイン、ロスしかありません。

一方、途中で利子などが受け取れるほか、値上がり・値下がりと言う要素を持つものも多くあります。債券、株式などがその例です。

なお、先ほどの不動産の場合は、必ずしもそれだけではありません。土地は借地として一定の地代を得るという利用法をとれば、それで一定の利子収入に相当する収益が得られます。

あるいは、マンションを買いこれを賃貸に出した場合には、一定の家賃収入が得られますね。これなどは、一種のインカムゲインとみなすことができます。

安定性は収益の性質によって決まる

以上のようなインカムゲインとキャピタルゲインという視点に立つと、おおよそ金融商品は3タイプに分類できます。

A インカムゲインのみから成り立っている商品
　銀行預金、郵便貯金、信託銀行の金銭信託など

B キャピタルゲインのみからなる商品
　金の地金、地金型金貨、貴金属一般、ゴムなどの商品

C 以上2つの要素をあわせ持っているもの
　株式は配当と値上がり、値下がりという要素を持つし、債券も利子収入とキャピタルゲイン・ロスというファクターを持つ。あるいは投資信託、保険商品が組み入れている金融資産などもこのタイプに属する

金融商品の収益性がどの程度安定的であるかは、基本的には上のどのタイプに属するかということによって規定されます。

Aは非常に安定的です。インカムゲインがマイナスのことはありえません。

　これにたいしてBのキャピタルゲイン・ロスという要素はきわめて不安定。

　そしてCの金融商品について見ると、結果的な収益に占めるインカム部分とキャピタル部分との比率が、その金融商品の収益の安定性を決めます。

　この間の事情は投資信託を例にとると、よく分かります。

　通常、株式投資信託は、株式の組み入れ比率の上限によって安定型（株式組み入れの上限が50％）、安定成長型（同70％）、成長型（100％）の3つに分類され、後者になればなるほど収益は不安定です。

　これは後者になるほど、キャピタルゲインに依存する部分が大きい株式の組み入れ比率が高いからです。

4-4 単利運用と複利運用

> 単利運用では当初元本を基準に利子が計算される。複利運用では計算単位（半年とか1年）を基準とした直近の元利合計を元本と見なし利子が計算される

資金の運用には単利方式と複利方式があります。

例題

> 元金は100円。利回りは年6％とする。単利方式、複利方式のそれぞれで運用した場合、1年後、5年後、10年後には元利合計はいくらか。

①単利の場合

1年後　：100 ＋（100 × 0.06）＝ 106（円）
5年後　：100 ＋ {（100 × 0.06）× 5} ＝ 130（円）
10年後：100 ＋ {（100 × 0.06）× 10} ＝ 160（円）

②複利の場合

1年後　：100 ＋（100 × 0.06）＝ 100 ×（1 ＋ 0.06）＝ 106（円）
5年後　：100 ×（1 ＋ 0.06）^{5} ＝ 133.82256
10年後：100 ×（1 ＋ 0.06）^{10} ＝ 179.08477

直感的にわかることは、運用期間が長くなればなるほど単利よりも複利運用の方が元利金の増え方（増加率）が大きくなることです。

　余談になりますが、日本では最も長期間のお金の運用といっても個人の場合には現在のところせいぜい10年どまり。10年ものの金融商品にお金を投資して満期（債券の場合は「償還」とよぶ）がくればいったん現金として手にし、再び新たな運用手段を探すということになります。
　ところが欧米では、歴史の違いなのか、債券などでは20年物、30年物といった金融商品が数多くあります。上の例に即して、20年後、30年後の単利、複利での元利合計はそれぞれどのようになるか見てみましょう。

---

①単利の場合
　20年後：$100 + \{(100 \times 0.06) \times 20\} = 220$
　30年後：$100 + \{(100 \times 0.06) \times 30\} = 280$

②複利の場合
　20年後：$100 \times (1 + 0.06)^{20} = 320.71355$
　30年後：$100 \times (1 + 0.06)^{30} = 574.34912$

　長期になればなるほど、単利と複利の差は大きくなっていきます。

■□　元利合計の増え方　□■

	1カ月複利	半年複利	1年複利
1年後	1.0617	1.0609	1.0600
2年後	1.1272	1.1255	1.1236
3年後	1.1967	1.1941	1.1910
4年後	1.2705	1.2668	1.2625
5年後	1.3489	1.3439	1.3382
6年後	1.4320	1.4258	1.4185
7年後	1.5204	1.5126	1.5036
8年後	1.6141	1.6047	1.5938
9年後	1.7137	1.7024	1.6895
10年後	1.8194	1.8061	1.7908
15年後	2.4541	2.4273	2.3966
20年後	3.3102	3.2620	3.2071
25年後	4.4650	4.3839	4.2919
30年後	6.0226	5.8916	5.7435

4　金利と利回りの基礎

4-5 金利が高くなると複利での長期運用が有利

> 単利運用に比べて複利運用は、①期間が長いほど②金利水準が高いほど③複利計算の単位期間が短いほど——元利合計の増加ピッチは速い

　運用面で考えた場合、単利に比べ複利のほうが運用効果は大きくなります。これが**複利運用効果**。

　一般には、単利運用での元本の増え方を基準にその○倍というように示されます。

　ただ複利運用効果と一口に言っても、その効果は**①運用期間**、**②運用利率の水準**、**③複利計算の単位**——により異なります。

　③はちょっと分かりにくいかもしれませんが、これは利息が元本に繰り入れられるのが1ヵ月ごとか半年ごとか、あるいは1年ごとか——という区別です。以上はそれぞれ、1ヵ月複利、半年複利、1年複利とよばれます。

　右の表1、グラフ1は①期間によってその複利運用効果がどう変化していくかを見たもの、表2、グラフ2は②複利運用効果が利率の絶対水準によってどのように異なるかを示したものです。

● 表1　複利運用と期間（年6％）

	単利運用(A)	複利運用(B)	B／A
1年後	1.06	1.0600	1.0000
2年後	1.12	1.1236	1.0032
3年後	1.18	1.1910	1.0093
4年後	1.24	1.2625	1.0181
5年後	1.30	1.3382	1.0294
6年後	1.36	1.4185	1.0430
7年後	1.42	1.5036	1.0589
8年後	1.48	1.5938	1.0769
9年後	1.54	1.6895	1.0971
10年後	1.60	1.7908	1.1193
15年後	1.90	2.3966	1.2613
20年後	2.20	3.2071	1.4578
25年後	2.50	4.2919	1.7167
30年後	2.80	5.7435	2.0512

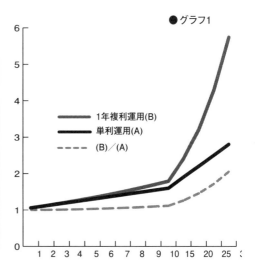

● グラフ1

● 表2　金利水準による複利効果

	4％	5％	6％	7％	8％
1年後	1.0400	1.0500	1.0600	1.0700	1.0800
2年後	1.0816	1.1025	1.1236	1.1449	1.1664
3年後	1.1249	1.1576	1.1910	1.2550	1.2597
4年後	1.1699	1.2155	1.2625	1.3108	1.3605
5年後	1.2167	1.2763	1.3382	1.4026	1.4693
6年後	1.2653	1.3401	1.4185	1.5007	1.5869
7年後	1.3159	1.4071	1.5036	1.6058	1.7138
8年後	1.3686	1.4775	1.5938	1.7182	1.8509
9年後	1.4233	1.5513	1.6895	1.8385	1.9990
10年後	1.4802	1.6289	1.7908	1.9672	2.1589
15年後	1.8009	2.0789	2.3966	2.7590	3.1722
20年後	2.1911	2.6533	3.2071	3.8697	4.6610
25年後	2.6658	3.3864	4.2919	5.4274	6.8485
30年後	3.2434	4.3219	5.7435	7.6123	10.0627

● グラフ2

複利運用３つの定理

ここで容易にわかるとおり、次の３つの定理が成立します。

①他の条件が同一なら期間が長いほうがその複利効果は高い。
②利率の絶対水準が高くなるにしたがって複利効果は高くなる。

利率12％で、複利計算の期間を１ヵ月、半年、１年としてその元利合計の増え方をみたものが表３です。複利計算の単位期間が短いほうが、元利合計の増え方は大きいことが分かります。

●表３　元利合計の増え方

	1カ月複利	半年複利	1年複利
1年後	1.0617	1.0609	1.0600
2年後	1.1272	1.1255	1.1236
3年後	1.1967	1.1941	1.1910
4年後	1.2705	1.2668	1.2625
5年後	1.3489	1.3439	1.3382
6年後	1.4320	1.4258	1.4185
7年後	1.5204	1.5126	1.5036
8年後	1.6141	1.6047	1.5938
9年後	1.7137	1.7024	1.6895
10年後	1.8194	1.8061	1.7908
15年後	2.4541	2.4273	2.3966
20年後	3.3102	3.2620	3.2071
25年後	4.4650	4.3839	4.2919
30年後	6.0226	5.8916	5.7435

③他の条件が同一である場合、複利計算の単位期間が短いほうが複利運用効果は高い。

以上の３つが、複利運用効果についての最も重要な原則なのです。

4-6 1日複利で知る複利運用の絶大なる効果

> 複利の効果は高い。1日複利ならば、小幅でも結果得られる莫大な運用効果の魅力がより高まる

　複利運用効果についてのエピソードは少なくありません。
　古典的には「コロンブスが米国大陸＝新大陸を発見した1492年に1セントを貯金し、その後年利5％で運用し続ければ現在いくらか」というのがあります。正解は「米国の土地全部が買える」。
　また、かのアインシュタインが複利を評して「人類最大の発見」とか「宇宙で最強の力」といったという話もあります。1900年代初期の資本主義経済の急成長を目の当たりにしたアインシュタインがその原動力として「複利」をこう評したとも言われます。

　あるいは、日本にもこの手の話がいくつか伝えられています。豊臣秀吉が我が世を謳歌していたころ、ある知恵者を相手に日ごろの働きを愛でたうえで「なんでも褒美をとらすぞ」となった。そこで相手は「1日目に米穀1粒、2日目には2粒、3日目には4粒、と

1日毎に2倍の米粒をむこう30日間にわたってほしゅうございます」と申し出た。2の30乗です。これだと30日後には〆て450俵分になるのですね。

そこで「参った。取り消してくれ」となったといいます。この人物こそ落語の祖友とされる曽呂利新左衛門だったのです。童門冬二の「曽呂利新左衛門」に出てくるエピソードです。

今日の投資にも複利の効果が！

ともあれ複利の威力は、時には人の直感を裏切ることがままあります。

いまでも根強い人気を誇っているのがFXです。通貨証拠金取引ともいいます。取扱会社へ寄託した金額の、最高25倍までの外国為替の売買が自在に行える資産運用法です。ここではその仕組みを詳しく述べませんが、外国為替取引の自由化で誰でも自由に外貨の両替＝通貨の交換を業として行うことができるようなったのが引き金になって人気化したものです。

このFXが人気を博している理由の1つが、運用次第では極めて効率的な資産運用が可能なことです。理屈のうえでは、1日複利での運用効果を狙えるのです。

たとえば1年＝300日（土日を除く）にわたって次のように繰り返していければ、1年後には資産は何倍になっているでしょう？

1日目＝1％の儲け	2日目＝0.5％の損失
3日目＝1％の儲け	4日目＝0.5％の損失

つまり、2日ごとに0.5%分を稼ぐわけです。

$$1.01 \verb|^| {}^{150} \times 0.995 \verb|^| {}^{150} = 2.097$$

　そう、2倍。結果的には年率100%で運用したことになるのです。たかだか2日ごとに0.5%程度の儲けであっても、それを1年間＝300日累積していけば、資産は2倍。これぞ複利運用効果の真骨頂！
　……と言いたいところですが、実際に平均してこれだけコンスタントに儲け続けることは難しいでしょうね。

　でも、「複利での資産の運用は、銀行預金のような半年複利が当たり前。例外的には証券会社のMRFなんて1ヵ月複利だけど」というイメージからすれば、こんな1日刻みでの複利運用なんて、私たちは思いつかなかった世界です。

　FX取引でこれが可能になる理由は2つ。
　1つは売買に伴う手数料が極めて低廉であること。2つ目には最大25倍のレバレッジが効き、為替相場の値動きがあまりなくても、1日単位で1%とか0.5%程度の収益を得ることは、それほど無理なことではないためです。

4-7 物価上昇率、経済成長率計算にも使える複利計算

> 複数年度にわたる物価上昇率、経済成長率は、複利運用の考え方を用いて1年あたりの上昇率なり成長率なりを算出できる

　前節までで単利と複利の考え方の違いについて説明してきましたが、この複利という考え方は、金融商品の利息計算だけに使われるものではありません。実は、経済、金融の非常に広い分野で用いられているのです。

　たとえば次のような場合、皆さんはどのような計算を行うでしょうか。

> **例題**
> 8年前の理髪代が1,400円、これが現在では3,000円だ。この間、1年ごとにどれだけのピッチで上昇してきたとみなせばいいのか。

　長期にわたる物価上昇率をどう考えるかという問題ですね。まさか、次のように考える人はいないでしょうね。

「8年の間に1,600円値上がりした」
　→「つまり1年では200円だ」
　→「当初の1,400円を基準にすると14.3％（200円/1,400円）だ」
　→「つまり、1年あたり平均では14.3％の上昇率だ」

これはちょっとおかしいですね。やはりこれは複利の考え方を採用するべきでしょう。でなければ、ちょっと奇妙なことが起こってきます。

たとえば毎年平均して200円上がってきたとみなしましょう。で、7年前には1,600円、6年前には1,800円、5年前には2,000円であったというわけです。この場合、確かに最初の1年間の値上がり率は14.3％です。が、それ以降の値上がり率はどんどん下がってくるはずです。

```
7年前 → 6年前　（200/1600）× 100 = 12.5％
6年前 → 5年前　（200/1800）× 100 = 11.1％
5年前 → 4年前　（200/2000）× 100 = 10.0％
```

つまり最初の年だけが14.3％であるのですから、この8年間を通して「14.3％」と言うのには無理があります。やはりここは、1年複利で考えるのが妥当でしょう。1年複利での値上がり率をx％と置くと、次の式が成り立ちます。

$$1400 \times \left(1 + \frac{x}{100}\right)^8 = 3000$$

$$\left(1 + \frac{x}{100}\right)^8 = \frac{3000}{1400}$$

$$1 + \frac{x}{100} = \sqrt[8]{\frac{3000}{1400}} = 1.0999531$$

$$x = 9.995\%$$

$\sqrt[8]{}$ の部分はスマホに標準でついている電卓で OK ですね。 ^ (1 ÷ 8) とすればいいだけのことです。

経済成長率をどう見るか

次に経済成長率を考えてみましょう。経済成長率という場合には通常、実質 GDP が年にどの程度伸びているかで判断されます。

例題

2013 年の実質 GDP は 528 兆円であったのが、10 年後の 2023 年には 560 兆円になった。ではこの 10 年間の日本の実質経済成長率の平均伸び率はいくらだったか。

これも前例と同じ考え方で OK です。

528 兆円 ×（1 ＋ x ／ 100）^{10} ＝ 560 兆円

この式では 10 乗根を求める必要がありますが、左ページのようにすれば簡単に計算できますね。

$$(1 + x/100)^{10} = \frac{560\text{兆円}}{528\text{兆円}}$$

$$x = \left(\sqrt[10]{\frac{560\text{兆円}}{528\text{兆円}}} - 1\right) \times 100$$

$$x = 0.59\%$$

つまり、年平均の経済成長率は 0.59% だったのです。

「だったらこれは賃金の上昇率でも使えるね。10 年前のお父さんの給料は 47 万円だったのが、現在は 55 万円。インフレ率を一切考慮しない単純な計算だと、どうなるのかな」
「そう 55 万円を 47 万円で割って 1.1702128 ですね。これの 10 乗根をとればいいのだから……。給与水準は 1 年に 1.58% ずつ上がってきた計算になるわね」

4-8 金利・利回りはプラスだけではありません

> 資産価値の下がり方を表す減価償却の定率法などはマイナス金利の考え方だ

　金利といえば、元本に対して年に何％の収益が得られるか、また、利息を払わなければならないか、というイメージです。つまり「増えていく」というプラスのイメージですね。でも、金利の考え方は実はもっと応用範囲が広いのです。

　たとえば住宅の価値は毎年減っていきます。そのとき、どのように価値が下がっていくか、というのも金利が扱うテーマの1つです。つまりマイナスの金利です。といっても一時期日本銀行が政策金利をマイナスにした、といったマイナス金利ではありません。

「減価償却」を知っていますか

　住宅にしろ企業が保有する機械設備にしろ、年々その価値は減っていきます。それがどのように減価していくと考えればいいのか。

こんなテーマについても、金利の考え方が役立つのですね。

　資産価値の下がり方は、たとえば「毎年100万円ずつ価値下落」という定額法と「毎年5％ずつ下がる」という定率法の考え方がありますが、後者が金利の考え方です。
　一般的な木造モルタル住宅は、「10年で半値、20～30年で1割～ゼロ」というのが不動産業界での常識です。では「10年で半値」だと、毎年何％ずつ価値が減ると考えればいいのでしょう。

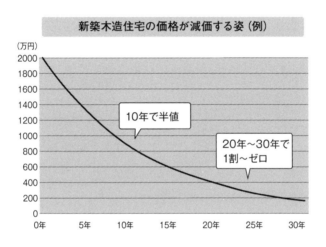

$$\left(1 - \frac{利率}{100}\right)^{10} = 0.5$$

　これを解くと利率は6.7％です。
　つまり、毎年6.7％ずつ価値が下がっていけば、10年後には半値になります。

「100の価値が1年後には100から6.7を引いた93.3になっている」ということです。「毎年0.933倍になり続ける」といってもいいです。

では次に、便宜上25年後に価値が1割になっているとすれば、利率はいくらか。

これは、上の式で数字を入れ替えればいいですね。

$$(1 - \frac{利率}{100})^{25} = 0.1$$

これだと9.1％。つまり毎年9.1％ずつ価値が減少していけば、25年目には物件の価値は1割になるってわけです。

さっきの6.7％とはちょっと違いますが、長期でみればおおざっぱにいって年8％くらいの率で住宅価格は減り続けるというイメージです。

ちなみに、企業が保有する耐久財の減価償却で定率法を使うときにも同じ考え方をします。

つまり、金利のものの考え方は、「増える」場合だけではなく「減る」場合にも使えるのです。

もちろんこれはすでに説明した複利の考えによるものです。

column

72の法則、そして67の法則

　資産運用の教科書が決まって取り上げるのが72の法則です。主に家計の資産管理・運用・運営のアドバイスを行うためのファイナンシャルプランナー（FP）という資格制度があります。ここで必ず学ぶのがこれ。複利運用についての大まかなメドを示すものです。資産が2倍に増えるときの年数と利率の関係を示す式として知られています。

$$年数 \times 利率 = 72$$

　この式を満たすような年数と利率の組み合わせだと、資産が2倍に増えるというわけです。10年で2倍にするには7.2％で運用すればいいし、20年だったら3.6％でいい、というように速算できるのです。もちろんこれは複利が前提になっています。

　しかし、本文中で取り上げたように、物の価値が定率で下がっていく（減価）ときにも同じような公式が使えます。

$$年数 \times 利率 = 67$$

　本文では、家屋が毎年6.7％ずつ減価していけば、価値が10年で半値になるということでした。5年で半値なら、毎年13.4％ずつ価値が下がると考えればいいわけです。

　それにしても、2倍に増えるときには7.2％でなければならないのに、減るときには年率6.7％で半分になるなんて、なんか不公平ですね？

4-9 固定金利と変動金利

> 金利には固定金利と変動金利がある。
> 取引期間中を通じて金利が固定しているか、一定の規則のもとで変動するかの違いだ

「金利はすべて変動する」という意味合いからいうと、金利はすべて変動金利だということになります。

しかし、現実に用いられている「固定」「変動」というのは、その金融取引が継続している間に適用される金利が**固定している**のか、それとも**金利一般の上下動に応じて随時（あるいは定期的に）変動する**のか、といった意味です。

銀行の取り扱い商品は基本的に固定金利

たとえば銀行取扱い商品でポピュラーなスーパー定期預金。

定期預金は、3年間預け入れた場合でも、その3年の間適用される金利は預入当初の金利ということで、あらかじめ確定しています。これは、預け入れてから3年間のうちに政策金利が1％から一挙に

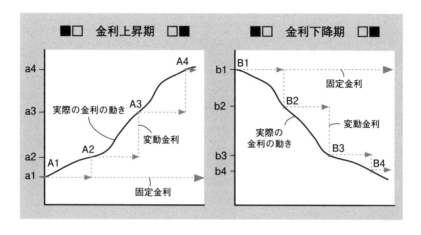

2％に引き上げられようが、はたまた長期プライムレートが1.7％から2.7％に引き上げられようが、まったく関係ありません。

この種の金利を**固定金利**と呼びます。

普通銀行の取扱い商品は、基本的にはこの固定金利商品です（ローン商品、一部の変動金利型預金に例外あり）。

変動金利の商品は

これに対して、金融取引期間中に当の金融商品の**利率が変動した場合には、随時その新たな金利が適用される**種類の金利があります。信託銀行が扱う金銭信託、国がほぼ毎月発行している個人向けの10年国債などです。この種の金利を**変動金利**と呼びます。

以上はいずれも顧客にとっての運用商品ですが、こうした固定、変動金利の別はローン商品にも見ることができます。

たとえば、多くの民間銀行が取扱っている住宅ローンには、固定

金利ローンと変動金利ローンの2つのタイプがあり、顧客は自由に選択できます。

固定金利はリスクがない？

よく「固定金利商品は収益が確定しているからリスクがない」と理解されがちです。ただし、こうした思い込みはむしろ誤りであるとみたほうがいいでしょう。

固定金利商品を買ったと想定しましょう。
確かに、毎年手にすることになる利息、あるいは満期にまとまって戻ってくることになる元利合計金額は確定しています。ただし、だからといって「リスクがない」わけではありません。
というのも、金利が上昇してもその金利の上昇の恩恵には一切与れないからです。「金利が上昇した」にもかかわらず「より高い金利水準の恩恵に与れない」というリスクを負うのです。これが「**機会収益の逸失**」です。

では、現在個人が利用できる金融商品について、金利が固定なのか変動なのかについて、どう判断すればいいのでしょうか。
これを示したのが別表です。
表では普通預金や通常貯金は変動型商品に分類してありますが、これはこの種の無期限商品では、利率が改定されたその日から、すでに預入されている預貯金にも新たな金利が運用されるからです。

取扱い機関	金融商品名	固定か変動か	備　考
普通銀行など	定期預金 普通預金	固定 変動	即日新利率が適用
信託銀行	金銭信託	変動	半年ごとに利率見直し
郵便局	通常貯金 定期預金	変動 固定	即日新利率が適用
複数の業態	個人向け国債（10年） 個人向け国債（3年、5年）	変動 固定	半年ごとに利率見直し

4-10 金利上昇期の運用は変動金利商品を選べ〈実践編〉

> 金利上昇期には変動金利で運用、下降期には固定金利で運用するのが原則。ローンの利用はその逆

例題

100万円を1年間運用するとする。ここに2つの商品がある。商品内容はそれぞれ次の通り。

A：利回り1％、変動利回り、預け入れてから半年ごとに適用利回りは変動、満期は1年。

B：利回り1.2％、固定利回り、適用利回りは1.2％で一定、満期は1年。

ところで、「最近マスコミでは、政策金利の引き上げが近いとの報道が見受けられ、どうも半年後には0.5％幅で引き上げられそうだ」としましょう。そうなればA、Bの利回りも同じ幅で引き上げられます。

さて、この場合A、Bのうち、どちらを選択すべきでしょうか。

——結論から言えば、**変動利回り商品であるAを選択するのが有利**です。というよりはむしろ、Aを選択するのが鉄則です。たとえB（1.2％）よりもA（1.0％）の方が当初の利回りが低くてもAの方が有利です。

予想通り、6ヵ月後に政策金利が0.5％引き上げられ、それによってA、Bの利回りが0.5％上がった（Aは1.5％に、Bは1.7％）としましょう。そうすれば、A、Bそれぞれの商品に投資した人が享受できる利回りは、次のようになります。

A（変動利回り）：

当初半年間は1％の利回りが適用されるが、残り半年は1.5％の利回りで運用できることになる。つまり、1年間を通せば1.25％の利回りになる。

B（固定利回り）：

たとえ6ヵ月後に利回りが1.2％から1.5％に引き上げられようと、1.2％のときに預け入れたものについては、1年後に満期を迎えるまで適用される利回りは変わらない。つまり、1年間の運用利回りは1.2％。

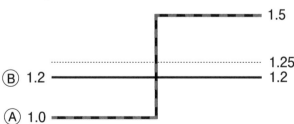

今後**金利が上昇すると予想される場合には変動金利商品**を、逆に**下降する公算の場合には固定金利商品**を選択するのが原則、ということです。

金利上昇時は固定ローンを

もちろん、ローンを組むときはその逆です。

つまり、**金利上昇が予想されるときには固定金利ローン**で、金利が低下する可能性が高いときには変動金利ローンを利用するのが原則です。

なお、変動金利型住宅ローンをすでに利用している人にとっては、ローン金利が変更されてもすぐに適用金利がそれにスライドして変更されるわけではありません。多くの銀行では年に2回、4月と10月から金利が見なおされるのが一般的です。

4-11 名目金利と実質金利

> 企業が借り入れるときには、名目金利に物価の上昇を加味した実質金利を重視する

　もともと金利とは、「貸し借りに伴い年に一定の元本にたいしていくらの利子が付くか」を示すものです。これは「時間の経過とともにその名目上の価値がどれだけ変化するか」といってもいいでしょう。つまり一般的に私たちが使っている金利はあくまで「名目上」のものなのですね。

　ところが、お金そのものの本当の価値は物価の変動に左右されます。表向きの金利がいくら高くても、物価が大きく上がれば、その実質的な価値は目減りするからです。

　預金する側から見ると、年に5％の利子をもらっても、年に10％物価が上昇すると、その預金の実質的な価値は5％下がったことになります。これが預金の目減りですね。つまり、物価を基準に見ればお金の本当の価値は、見た目の金利通りには上がらないということ。

最近では、賃金が実質的に2年以上にわたり下落し続けているということが大々的に報じられますが、これも理屈は同じこと。

金利の高低を判断するときでも、物価上昇率を基準にするという考え方は理にかなっています。これが実質金利です。

企業は借り入れに際して実質金利を重視する

すべての物価が年に10％上がっているとき、銀行からの借入れ金利が8％だとしましょう。「金利は高いから借りない」と考えるでしょうか。そうじゃありません。8％のコストで借りても、それを使って生産すれば、今100万円のものが1年後には110万円になっているので、売上は今より10％増えます。だから増えた分の売上10万円から、利息の8万円を返済しても2万円残るというわけです。つまり、借り得です。

つまり「実質金利が低かったので借り入れが増える」という状態なのです。このとき実質金利は「マイナス2％」と表現します。実質金利は借り手にとっては文字通り、実質的な借入コストを意味するのです。

> 実質金利＝名目金利—物価上昇率

実質金利が重要なのは、これが企業の資金需要を決定する重要な要素の1つだからです。名目金利が高くても実質金利が低ければ、企業の資金需要は高まることが多いのです。逆に名目金利が低くても、実質金利が高ければ、企業の資金需要は停滞します。

4-12 期間設定で変わる日歩、月利とは？

> 利回りとは「一定期間内に発生する利子（利息）の元本に対する比率」。この「一定期間」の設定の仕方で日歩、月利、年利の考え方がある

かつては頻繁に使われた「日歩（ひぶ）」

　日歩とは1日あたりの利息の比率のことです。

　単位は通常「〇銭〇厘〇毛」。1銭といえば100円の万分の1にあたるので、日歩1銭といえば、100円の元本に対して1日に発生する利息が1銭であることを意味しています。言いかえれば、100％の元本に対し、1日に0.01％分（万分の1）の利息が付くことになるわけです。

　最近では消費者金融の利回り表示に見かけるくらいですが、1日きざみで資金を出し入れする場合に利息の計算がしやすいように、という意味で、日本の昔の商人（あきんど）は、もっぱら日歩を用いていました。

たとえば、日歩1銭5厘で20日間お金を借りた場合には、元金に対して30銭分の利息を付けて返せばよいわけです。この場合、月利、年利で利回りを表現していれば、計算がやや煩雑になってきます。

　今や日歩はほとんど用いられなくなったのですが、実は日本の金利の根幹を成す公定歩合については、昭和44年8月までは日歩で表示されていました。なぜなら、公定歩合を用いて日本銀行が一般の民間銀行に対して貸付を行う際は、極めて短期間であるのが普通であったからです。
　このため、「14日間の貸出で〇円」というような計算を行うときは、年率で表示するよりは、日歩でキリの数字の方が使いやすかったのです。

質屋さんで今でも使われる「月利」

　文字通り、1ヵ月につき発生する利息の元金に対する比率が月利です。
　昔は日歩と同じく、「〇銭〇厘〇毛」と表現されていましたが、現在はもっぱら％で表示されています。
　現在、この月利で利回りが表示されている代表的なものは、質屋の利回り。これまでに質屋を利用された人はすぐにお気付きでしょうが、質入れしたと同時に1ヵ月分の利息が発生し、以降1ヵ月経過するたびに1ヵ月分の利息が上乗せされる、というしくみになっています。1日ごとに利息が発生するというしくみではありま

■□　年利　→　日歩換算表　□■

年利	日歩	年利	日歩	年利	日歩	年利	日歩	年利	日歩
3.5	0.959	5.5	1.507	7.5	2.055	9.5	2.603	11.5	3.151
3.6	0.986	5.6	1.534	7.6	2.082	9.6	2.630	11.6	3.178
3.7	1.014	5.7	1.562	7.7	2.110	9.7	2.658	11.7	3.205
3.8	1.041	5.8	1.589	7.8	2.137	9.8	2.685	11.8	3.233
3.9	1.068	5.9	1.616	7.9	2.164	9.9	2.712	11.9	3.260
4.0	1.096	6.0	1.644	8.0	2.192	10.0	2.740	12.0	3.288
4.1	1.123	6.1	1.671	8.1	2.219	10.1	2.767	12.1	3.315
4.2	1.151	6.2	1.699	8.2	2.247	10.2	2.795	12.2	3.342
4.3	1.178	6.3	1.726	8.3	2.274	10.3	2.822	12.3	3.370
4.4	1.205	6.4	1.753	8.4	2.301	10.4	2.849	12.4	3.397
4.5	1.233	6.5	1.781	8.5	2.329	10.5	2.877	12.5	3.425
4.6	1.260	6.6	1.808	8.6	2.356	10.6	2.904	12.6	3.452
4.7	1.288	6.7	1.836	8.7	2.384	10.7	2.932	12.7	3.479
4.8	1.315	6.8	1.863	8.8	2.411	10.8	2.959	12.8	3.507
4.9	1.342	6.9	1.890	8.9	2.438	10.9	2.986	12.9	3.534
5.0	1.370	7.0	1.918	9.0	2.466	11.0	3.014	13.0	3.562
5.1	1.397	7.1	1.945	9.1	2.493	11.1	3.041	13.1	3.589
5.2	1.425	7.2	1.973	9.2	2.521	11.2	3.068	13.2	3.616
5.3	1.452	7.3	2.000	9.3	2.548	11.3	3.096	13.3	3.644
5.4	1.479	7.4	2.027	9.4	2.575	11.4	3.123	13.4	3.671
(%)	(銭・厘毛・糸)	(%)	(銭・厘毛・糸)	(%)	(銭・厘毛・糸)	(%)	(銭・厘毛・糸)	(%)	(銭・厘毛・糸)

■□　日歩　→　年利換算表　□■

日歩	年利	日歩	年利	日歩	年利	日歩	年利	日歩	年利
1.000	3.650	1.500	5.475	2.000	7.300	2.500	9.125	3.000	10.950
1.050	3.833	1.550	5.658	2.050	7.483	2.550	9.308	3.050	11.133
1.100	4.015	1.600	5.840	2.100	7.665	2.600	9.490	3.100	11.315
1.150	4.198	1.650	6.023	2.150	7.848	2.650	9.673	3.150	11.498
1.200	4.380	1.700	6.205	2.200	8.030	2.700	9.855	3.200	11.680
1.250	4.563	1.750	6.388	2.250	8.213	2.750	10.038	3.250	11.863
1.300	4.745	1.800	6.570	2.300	8.395	2.800	10.220	3.300	12.045
1.350	4.928	1.850	6.753	2.350	8.578	2.850	10.403	3.350	12.228
1.400	5.110	1.900	6.935	2.400	8.760	2.900	10.585	3.400	12.410
1.450	5.293	1.950	7.118	2.450	8.943	2.950	10.768	3.450	12.593
(銭・厘毛・糸)	(%)	(銭・厘毛・糸)	(%)	(銭・厘毛・糸)	(%)	(銭・厘毛・糸)	(%)	(銭・厘毛・糸)	(%)

せん。

　このため、月利という利回り表示の方法が、最も質屋の"金融システム"に合っているというわけなのです。

　表示は％で行なわれるのがもっぱらです。月利9％（9分）といえば、100円の元金（借入金）に対し1ヵ月分の利息が9円であることを意味しています。

　余談になりますが、現在質屋の最高月利は9％です。年利に直すと108％になりますが、これは現在の質屋営業法に基づく最高限度（厳密には日歩30銭で、年利109.5％）にあたります(これ以上の利息は法的に無効)。

4-13 金利上昇期に債券ファンドを買うってあり?

> 現在のように米国はじめ世界各国で金利が上がり、遅れて日本でも上がり始めている時期には、債券で運用されるいわゆる債券ファンドは敬遠すべきなのか

　このテキストをここまで読んでこられた方なら、「金利が上がると債券の価格が下がるのだから債券ファンドには手を出すべきではない」と思っても不思議ではありません。確かに基本はその通りなのですが、この原理があらゆる債券ファンドに該当するかと言うと、必ずしもそうとはい切れません。

　分かりやすくするため、極端な例を2つ取り上げましょう。

> ファンドA：常に期間10年の債券だけで運用する
> ファンドB：満期までが1ヵ月の債券だけで運用する

　さて、あらゆる金利が上がったとしましょう。ファンドAとBの基準価額（1口あたりの価値）はどうなるでしょうか？

投資信託のいわば時価を示す基準価額は、運用される資産の時価をもとにファンド全体の資産価値をはじき出し、それを口数(くちすう)で割って求めます。

　金利が上がれば期間10年の債券の時価は下がります。つまり、ファンドAの1口当たりの価値である基準価額は下がるのです。ではファンドBはどうかというと、運用の中身が満期まで1ヵ月の債券だけなので、金利が上がってもほとんど影響を受けません。債券は短期ほど価格変動が小さいからです。

　それどころか、**ほんの1ヵ月経てば持っている債券が全部満期になって元本が全額返ってくるので、そのお金で再び1ヵ月の債券を買うことができる**のです。

　実は、ここがポイントだということが、お分かりいただけるでしょうか？

　満期で戻ってきたお金で再び、満期まで1ヵ月の債券を買うのですが、金利が上がっているので、より金利が高い1ヵ月債券が買えるのです。こうして1ヵ月ごとに、より高金利の債券に投資し直すとどうなるでしょうか？もちろんファンドの稼ぎはどんどん増えていきます。

　このように、ファンドが運用する債券の満期までの期間の違いで、損するか得するかが全く逆になるのです。つまり、「**金利上昇期は期間が短い債券で運用するファンドを選ぶ**」のが原則なのです。

　たとえば、MRF（マネーリザーブファンド）がそれ。海外だと外貨建てMMFという短期の金融資産だけで運用する投資信託があるのでぜひチェックしてほしいと思います。

4-14 金利は決まるものか、決めるものか？

> 金利には、自由な需給バランスにより決まる金利と、金融政策を執り行う中央銀行が一定の政策効果を狙って決める金利がある

「金利は決めるものなのか、それとも決まるものなのか」

「100人に聞きました！！」ではありませんが、不特定多数の人々に尋ねてみると、おそらく8〜9割の方が「決めるもの」と答えると思います。なぜか？

「金利」といえばまず人々思い浮かべるのは「預金金利」であり「企業向け貸出金利」「住宅ローン金利」であり「消費者ローン金利」ですね。確かにこれらの金利は、資金の貸し手が決めます。

しかし、「金利の世界」のなかで圧倒的な存在感を持つ債券市場における債券利回りは、ほとんどの場合、「決まるもの」であって、「決めるもの」ではありません。

こういうと「だって、新しく国債や地方債、あるいは社債が発行

されるときには、その債券の発行者が金利・利回りを決めるではないか」とおっしゃるはずです。いわゆる新発債（新しく発行される銘柄）の利回りですね。

確かに日本語としては「決まる」というよりは「決める」という方がより現実に合致しているようにも思えます。しかし、**新しく発行される債券の利回りは、「これくらいの水準に決めざるを得ない」という意味での「決める」**なのです。

このあたりちょっと微妙なので、きちんと説明しておいた方が良いでしょう。

たとえば、2024年7月に発行された10年国債の利回りは1.019％です。「7月発行の国債の利回りは1.019％に決まりました」とアナウンスします。そしてこれが証券会社や銀行などの店頭にあるボードなどに表示されます。

しかしこれは財務省が勝手に決めたわけじゃないのですね。市場（マーケット）で取引された結果付いた10年債の利回りとほとんど同じ水準で決まるのです。

直前に発行した期間が同じ10年国債が市場で売買されて1％の利回りが付いたら、新しく発行する１０年国債もほぼその利回りに右ならえ！するしかありません。

これより低い利回りで１０年国債を新しく発行しようとしても買い手は付きません。かといって、コストを最小限にしたい国（発行者＝財務省）はこの利回りを上回る2％とか3％の利回りに設定するわけはありません。

入札で決まる国債発行利回り

　実際には、財務省は発行に先立って「どれくらいの利回りで引き受けてくれますか」と、多くの金融機関にオファーするのです。それに応じて個別金融機関が利回りを提示するのです。そして、財務省は高く買ってくれるところから順に札を落としていき、所要額に達したところで打ち切るのです。

　こうすると結局、そのときに市場で売り買いされている10年国債の利回りとほぼ同じ水準に決まるわけです。なにも財務省が勝手に"決めて"いるのではないのです。裁量の余地はほとんどありません。

　市場の取引で決まった条件に限りなく近い条件で発行せざるを得ないというのは、株式と似ています。

　取引所で売買された結果付いた株価が1500円だとしましょう。そのとき、増資する（新しく株を発行して資金を増やす）のだったら、原則としてその時の株価と同じくらいになります。2000円だと誰も買いません。市場で買えば1500円で買えるのですから。かといって、800円で売り出すことはしないのは当然ですね。

　では、国債が市場(しじょう)で売り買いされるってどういうことか？

　これも、株式市場とほぼ同じです。この市場では、銀行、証券会社、年金基金等の機関投資家がすでに発行された国債を、毎日のように売り買いし、その結果値段が付き、利回りが決まっていきます。

政策金利は「決める」

しかし金利の中には、誰かが自由に決めることのできる金利があります。それが"政策金利"です。これはすでに話したとおりです。

政策金利＝コール翌日物レート

日銀が決める政策金利は「**決める金利**」です。日銀が金融政策の一環として決めます。コール翌日物レートとよばれる金利がそれです。日銀が決める金利といえば、今でも公定歩合っていう人が多いけれど、それは20年以上も前の話。公定歩合は、いざという場合に日銀が民間の金融機関に貸すときに適用する金利ですが今は形骸化しています。

それに対して、今の政策金利＝コール翌日物は日銀がコントロールしているのですが、公定歩合と違ってあくまで日銀が間接的に誘導しているのです。この辺の事情は1章で若干説明した通りです。「コール」とは「呼びかける」ってことです。ある銀行が「1日だけ300億円貸して」ってコールすれば「は〜い。じゃあ私が300億円融通するわよ」と、よその銀行が応えてくれる、っていうイメージです。つまり、需給バランスで決まるのですね。そして日銀はその需給バランスを変えることで政策金利をコントロールするのです。

預金金利と住宅ローンは決める？決まる？

では、私たちにとって身近な預金金利や住宅ローン金利、あるい

はカードローンやキャッシュローンの金利は「決める」のか「決まる」のか？

　預金金利は日銀の政策金利の動きを横目で見ながら、ほぼそれと同じように動きます。だから、各銀行ともだいたい同じです（ネット銀行を除く）。つまり、実際にはほぼコールレートに沿って決めているのです。自由に決めているんだったら、銀行によってもっとバラバラになってもいいはずです。

　住宅ローン金利もそうです。

　住宅ローン金利には金利が変動するタイプと固定されているタイプがありますが、変動タイプは、日銀がコントロールする政策金利にほぼ右倣えで決まりますし、長期の10年、25年といった固定金利タイプは、さっき説明した10年国債の利回りにほぼスライドして決められるのです。

　つまり、決める金利の代表であるコールレートと、決まる金利の10年国債の利回りの2つの金利が軸になって金利の世界が成立していると考えれば分かりやすいです。

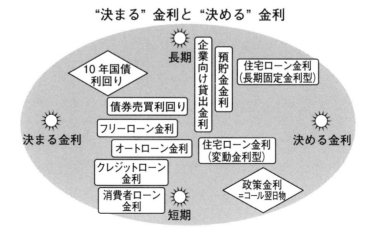

"決まる"金利と"決める"金利

5章

What happens
if interest rates rise?

金利の代表・債券の利回りを知る

5-1 私たちは知らないうちに債券を買っている

> 個人向け国債も、国債の投資信託も買っていないのに
> やっぱりあなたも「債券を買っている」ことになる

「債券なんて自分には縁のないもの」。

こう思う方も多いと思います。しかし、私たちのほとんどは、実質的に債券を買っているのです。

どういうことか？ 一言でいうと**「銀行に預金していると、回りまわって、債券に投資している」**からです。

銀行や年金は債券で多くを運用している

銀行が個人等から集めた預金は、その多くが企業などに貸し出されます。しかし、今や日本の企業は巨額の余剰資金を抱えています。もちろん過去からの収益を内部に留保、ため込んだ結果です。一方、日本国内の経済成長率が低迷しているため、積極的な設備投資を控え気味。このため銀行借り入れは縮小、銀行は貸出以外の手段で運

用せざるを得ないのですね。

　このため、昨今では、銀行が集めた預金のうち相当部分が債券で運用されています。そしてその中心的な位置を占めているのが国債です。

　あるいは、私たちが払い続けている各種の公的年金の掛け金。国民年金にしろ厚生年金にしろ、これらの掛け金からなる巨額の運用資金が最も重点的に買い付け・運用しているのは、実は国債などの債券なのです。

　また、銀行から借り入れた企業が、その資金の有効な運用を目指して、地元の県、市町村が発行する地方債や一般の民間会社が発行した社債を買っているなんてことは日常茶飯です。

買った金融商品が債券で運用されていることも

　さらには、債券以外の金融商品を購入したつもりが、そのおカネは回りまわって債券に投資されていたというケースは、そう珍しいことではありません。

　たとえば、海外の高金利債券に投資する外債ファンド。これは、その名が示すように、集められたおカネ（基金＝ファンド）のほとんどが海外の政府、公共団体、民間会社などが発行する債券に投資されて（運用されて）いるという投資信託です。あるいは、MRF（マネーリザーブファンド）などは、ごく短期の国債や社債などに投資されています。

「債券」とか「公社債」といった名称がついていない株式投資信託でも、株式以外に債券に投資しているファンドは多くあります。株式だけだとリスクが高いので、値動きが緩やかで満期まで保有すると元本が保証されている債券を組み込み、運用リスクを下げるのです。

つまり、これらのファンドを買っている人は、**間接的に（とは言え）実質的に、債券を保有している**のです。

債券価格の変動は私たちの生活に影響を与える

こうして多くの人が間接的に保有している債券の価格が変動すれば、これらの金融商品の価値も変動し、これを買った人の懐具合を直撃するのです。

ということは（くどいようですが）、日々変動しているこれらの債券の価格・利回り如何によって、私たちの資産の価値が変動しているのです。

現在、わが国の家計金融資産は2000兆円程度ありますが、以上のような経路を通じて、私たちは少なくとも1割〜2割は実質的に債券で運用しているとみていいでしょう。

さて、そうならば、債券というちょっぴりとっつきにくい（ように思う）金融資産の基本くらいは知っておくに越したことはありません。

5-2 債券の利回りが あらゆる金利の 代表だ!

> 債券利回りはあらゆる金利のなかでもっとも自由度の高い金利である

　これまで出てきたいろいろな金利の話のなかで、皆さんがつまづきやすいのが債券の利回りです。債券の利回りのごく基本がわかっていなければ、多分「金利」「利回り」というものの正体がつかみづらいと思います。そこでここでは、「債券の利回り」の初歩を述べておくことにします。

　まず次の2点を宣言しておきます。

「債券の利回りがあらゆる金利、利回りの中でもっとも自由な利回り・金利である」
「多くの場合、債券の利回りが決まって初めて他の金利が動くことが多い」

債券利回りが一番自由だ

　金利の世界では債券利回りの存在感がとても大きいのです。
　債券とは「私はあなたからこれだけのお金を融通してもらいました。つまり債務を負ったのですから、その証拠に私の方で証書を発行しておきます」という証書のようなものです。つまり、お金を貸して欲しい人が発行する証書のようなもの。国が発行するのが国債、一般の会社が発行するのが社債です。
「だったら、普通の借用証書と同じでしょ」。こうおっしゃるでしょうね。確かにその証書には「いつになれば（満期）、いくら支払うか（返済元本など）」が記されます。これは借用証書と同じ。

　しかし債券には一般の借用証書にはない特長があります。それは、**「この証書はいつでも自由に他の人に売り、お金を回収できますよ」**となっているのです。借用証書ではそれはできません。
　債券（という名の）証書はいったん発行された後も、それを持っている人はいつでも自由に売れるのです。さて、そこで何が起きるかといえば、その時々にそれをどんな条件だと買ってくれるかという、取引条件が常に動くのです。このあたりは株の売買と同じですね。株はいったん買ったら、原則としていつでも売れます。そしてその取引価格も動きます。
　価格が決まれば利回りが決まります。その場合の利回りとは、その債券を買って満期まで持ったら1年間にいくらの利回りで回るかを示すものなのです。
　2年後の満期まで持てば、利子も含めて106万円もらえる債券の

価額が98万円であれば、利回りは4.08％です。価格が100円になれば3.00％になります。

この利回り（そして価格）が常に変動するのです。売りたい人と買いたい人のバランスが変動していることを反映しています。

このあたりの感覚も株と同じですね。株は一般に企業業績が良くなる期待が高まると買いたい人が増え、売りたい人が減ります。こうした需給バランスが変わることで株価も時々刻々と変わるのです。

株より巨大な債券市場

さて、こうしていったん買い付けた債券を自由に売り買いできる場が**債券市場**です。といっても、物理的な場所があるわけではありません。この点は株式市場よりも、外国為替市場に似ています。為替市場という特定の場所に設けられた市場（いちば）があるわけではありませんね。債券については主に証券会社がその売買の相手方になってくれます。

ともあれ、この債券市場はメガバンク、巨大証券会社、さらには年金などの大手機関投資家、海外のいろいろな投資家などがこぞって参加しているため、ここで成立した債券の利回りはもっとも自然な形で（特定の団体、組織、会社の恣意的な都合は排除されて）決まるのです。債券利回りがもっとも自由な利回りであることの理由がここにあります。

つまりこの利回りが、お金をめぐる需給バランスをもっとも忠実に示しているのです。もっとも純粋な金利であるといってもいいでしょう。

5-3 債券はじめて物語
～手作りでもできる債券のしくみ

　ここでは、実際に著者の身の回りで起きたエピソードからお話ししましょう。

　有機農法野菜を売り物にしている地元の八百屋が、どうしても金銭のやりくりがつかず、銀行に200万円の追加融資を頼んだけれど、断られた。そこで私設の債券を発行することを思いつきました。

　子どもに画用紙を買ってこさせて、作ったカードは2種類。

　表面に100万円と書いたカードが1枚、10万円のカードが10枚です。各カードには、こう記載しました。

　「**クーポン**4％（毎年額面金額の4％分を商品で支払う）」

　「**期間**は2年（20XX年〇月〇日満期）」

　「**価格**は98円」

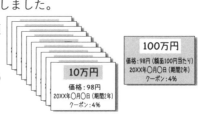

　著者は98万円を払い込んで、この「100万円券」を引き受けました。長い付き合いだし、信頼できる人だから。そして1年目に4万円分の味噌、自然塩、野菜、冷凍肉、米等をもらいました。2年目にも同じく4万円の利息相当分を現物で受け取るとともに、券面金額通り100万円を現金で受け取りました。

さてでは、著者は結局、年利回り何％でお金を運用したのでしょうか？

1年目に4万円、2年目にも4万円分で、合計8万円の利子を受け取りました。さらに、最初に98万円で引き受けたのが、100万円で戻ってきたことから、2万円儲かっています。

これはつまり

「98万円を出して」

「額面100万円の債券」 を買い、

「毎年4万円の利子（に相当するモノ）**を受け取った」** 上に

「2年後の満期のときに額面通りの **100万円の払い戻しを受けた」** ことになります。

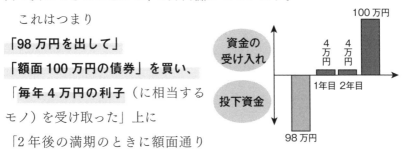

まとめると、98万円を払い込んで満期までに合計108万円の払い戻しを受けたわけです。したがって、年利回りは以下の式でかんたんに求められます。

$$式\quad \frac{(108-98)\div 2}{98}\times 100=5.102\%$$

つまり著者は、98万円のお金を年5.102%で運用したことになります。この債券を発行した八百屋から見ると「年5.102%のコストを負った98万円のお金を調達した」というわけです。

債券は **「価格」「満期までの年数」「年当たりの利子」** の3つが **決まれば、利回りが計算できる。**

これが債券の利回り計算の基本であり、すべてなのです。

5-4 国債、社債…債券の仕組みをざっくり知る

> 債券とは、歳入不足資金や事業資金調達のために、国・地方公共団体・企業などが発行する債務証書（有価証券の一種）のこと

　債券（公社債ともよぶ）は、国・地方公共団体・事業会社などが、税収ではまかなえない歳入を確保したり、事業資金に充てるために一般の投資家向けに発行する、**一種の債務証書**です。

　これを取得（投資）した人に対しては、通常**年に2回の割合で利子が支払われる**と同時に、最終的に一定**期日がくれば元本が返済される**ことが発行者によって約束されているのです。

　ただし、定められた期日前に換金する場合には市場へ売ることになり、そのときの利回り次第では、購入した値段以下でしか売れないこともあります。

　投資価値を規定する**クーポン・償還期限・価格**を債券の3大属性と呼びます。

クーポン

「表面利率」あるいは単に「利率」ともよばれます。

2％とか3.2％とかいうようにパーセントで表示され、たとえばクーポンが2％であるといえば、これを購入した値段に関係なく、**額面100円につき、1年あたり2円の利子**を受け取ることができることを意味します。

債券のうち最も発行量が多く、ポピュラーな10年固定利付国債についてみれば、年2回に分けて利子が支払われますから、1回あたり1円の利子収入を手にすることができるわけです。額面100万円の債券を持っていれば、1回につき1万円、年間2万円の利子が得られることになります。

なお、クーポンが一切付かない債券がありますが、これは**割引債**とよび、クーポンのある**利付債**と区別されます。

償還期限

これは、預貯金での"満期"によく似たものです。

たとえば2024年9月20日時点において、償還期日が2034年9月20日であるといえば、償還期限は10年であることを意味します。

利付債についてみれば、償還期限が持つ意味は2つあります。

①この間は確実にクーポンに応じて利子が支払われること
②この償還期日が到来すれば、額面通りの金額を受け取ることができること

価格

　額面 100 円の債券を取得するために必要金額を示すものです。

　たとえば、99 円 50 銭といえば、99 円 50 銭を支払えば額面 100 円の債券を購入できることを意味します。額面 100 万円の債券なら 99 万 5000 円のお金で間に合うわけですね。

　ところで、1 万円から買えることで個人にも人気の個人向け国債のうち 10 年ものは、以上のような古典的な債券とはちょっと異なっています。それは、クーポンが満期まで一定（固定）ではなく、**半年ごとにその時々の金利水準に応じて変動する**というタイプなのです。そのため「**変動利付き債**」とよばれます。

　それに対していったんクーポンが決まれば、償還時まで一貫してその利率は変化しない債券を**固定利付き債**と呼びます。

　この変動利付きタイプの個人向け国債は、インフレに対するヘッジ機能が強いことが最大の特長です。物価が上がれば、それに応じてクーポン（利子）が引上げられるからです。

5-5 預金は"預ける"、債券は"買う"

> 債券は安定性を期待して買われる金融商品だが、銀行預金とは異なることを示すのが「預ける」ではなく「買う」という表現だ

　債券の仕組みについてさらに説明する前に、債券と預金の違いについて話しておいた方が良いかもしれません。未知のものを理解するには、すでによく知っているものとの違いを通してイメージすると分かりやすいと思うからです。

- **預ける**：金品の保管、人の世話などをまかせる。とりしきらせる。
- **買う**：(「替ふ」と同源。交換する意)品物や金とひきかえに自分の望みの品物を得る。

（「広辞苑」第五版）

　預金も債券も、ともに広い意味での金融商品です。お金を投じる側からみるといずれも、直接にはおカネを金融機関に一定期間託して、一定の利息を得るための手段です。

定期預金と債券を比較してみましょう。ともに、当初定められた利息が定期的に受け取れますし、**決められた期日（満期）が来れば元本（一定の金額）が全額払い戻される**という点では同じです。

　さらには証書式の定期預金と、債券とを比較してみても、ともにおカネと引き換えに一定の証書が渡されるという点では同じです。もっとも現在では、預金も債券も具体的な証書があるわけではなく、電子上に記録された証書のようなものを保有するだけなのですが。

　しかし、銀行におカネを"預ける"ことと、債券を"買う"こととは本質的に異なります。これは"預ける"という言葉と"買う"という言葉の違いに端的に表われています。

　預けるということは、将来これを返してもらうことを前提にしているのに対し、買うということは金や株式の例で分かる通り、**基本的には売ることを前提**とするものだからです。

スーパー定期預金と債券の違い

	スーパー定期預金	債券（10年長期国債・新窓販分）
期間	1ヵ月から最長10年間	発行時点では10年。既発債では数日〜10年弱まで銘柄により様々
取扱期間	随時	通常上旬から下旬にかけて一定の範囲内で決まる（月によってスケジュールは異なる）
最低購入（預入）単位	1円	額面基準で5万円
収益の源泉	利子収益のみ	利子収益+値上がり益あるいは値下がり益
利子の支払い	3年以上物を個人が利用する場合、複利運用可能	半年ごとに利子の支払いあり
金利改定期間	原則として、毎週月曜日に変更する金融機関が多い（決まりはなし）	毎月（通常上旬に入札で発行条件が決まる）
途中換金	原則不可(途中解約利率適用)	随時市場価格で換金（市場での売買）可能
運用方法	単利。ただし、個人が3年以上物を利用する場合、複利運用可能	単利。ただし、途中支払利子をMRF等で自動的に再運用する方法（複利適用）あり
収益に対する課税基準	20%（+復興税分）源泉分離課税	利子は20%（+復興税分）源泉分離課税。値上がり益は非課税。償還差益は雑所得（総合課税。20万以下の申告不要制度あり）

このことは、同じく貯蓄商品でありながら、預金と債券とは本質的に性格が異なることを示しています。
　すなわち、預金のように"預ける→返してもらう"という場合には、当初元本は保証されたうえで利子が加えられて返ってくることを意味します。
　これに対し"買う→売る"場合には、いくらで売れるかによってその運用成果は変わります。場合によっては、当初払い込んだ金額が回収できないこともあるのです。これがお金を預ける（運用する）側から見た場合、債券を預金から区別する最大のポイントです。

　ただし、債券の多くは定期預金の満期日にあたる期日が定められています。専門的には償還期限とよぶのですが、この日がくれば債券の発行者は、所有者から債券を買い戻してくれます。しかも、買い戻し金額はあらかじめ決められているのです（通常は債券の券面に記載された金額）。
　ともあれ、債券は"買う"ものである以上、売れることが前提になります。専門的にはこれを"**譲渡可能**である"と呼びます。一般に有価証券は、**たとえ満期が定められていても、途中で時価で売却できる**のが基本なのです。

5-6 債券から得られる2つの利益

> 債券の収益性は、一見すると複雑な印象を与える。
> 収益の源泉としてインカムゲインとキャピタルゲイン（ロス）の2つの要素を合わせ持つからだ

　債券の収益構造は**インカムゲイン（利息収入）とキャピタルゲイン（値上がり益）**の2種類あるため、複雑な印象を与えがちです。ただ、以下のような「金券」だと考えれば、単純明快なのです。

①金券に記載されている金額は100円
②今、これを手に入れるためには90円でよい
③これを持っていれば、毎年8円の利子を受け取れる
④今からちょうど10年後にこの金券を金融機関に持っていけば、100円の現金と引き換えられる

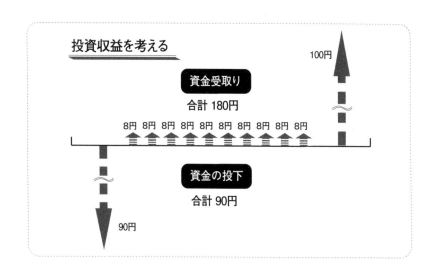

　大ざっぱにいえば、これが債券の収益性の基本的なしくみです。つまり、②90円投資すれば、①表示金額が100円の金券が手に入り、③毎年8円の利息が受け取れ、④10年後には金券と引き換えに100円が戻ってくる…と。

　この間いくらの収益が手に入るかと言うと、80円（8円×10年）プラス値上がり益の10円（100円－90円）の合計90円。つまり、今90円を「預ける」と、10年後の時点では180円のお金を得ていることになる——と理解できます。

　以上を債券の用語に引き直してみましょう。
　①"金券"→券面、"100円"→額面金額
　②"90円"→債券の価格
　③"8円"→クーポン（表面利率）が8％
　④"10年"→償還期間10年、"10年後"→償還期日。

つまり

「**クーポン8％、価格90円、残存期間が10年、額面金額は100円の債券**」というわけです。

では、この債券の収益性はどう考えればよいでしょうか。
- 90円の元金が10年後までに180円になる
    → 収益相当分は90円
- 10年間全体での収益が90円
    → 1年あたりの収益は9円（単利の考え方）
- 1年あたり収益は9円
    → 元金である90円からみると10％にあたる

よって、この債券の年利回りは10％であるわけです。

債券の収益性の性格

(1) 他の条件が同じなら、クーポン（表面利率…この例では8％）が高ければ高いほど、収益性は高い。すなわち、満期（償還）までに定期的に受け取れる利子収入は多い（＝インカムゲイン）。

(2) 他の条件が同じなら、債券の価格（この例では90円）が低いほどその債券の収益性は高い。すなわち、値上がり益とみなすことのできる収益は大きい。価格が100円以上の場合は値下がり損になる（キャピタルゲイン、キャピタルロス）。

6-7 新発債と既発債

> 債券には新発債と既発債がある。
> 投資家に売り出されてから発行日までを新発債、それ以降を既発債とよぶ

債券には新発債と既発債があります。

新発債とは、「新たに発行される債券」という意味で、投資家に広く売り出され始めて（**募集開始**という）から、実際に債券が発行される（発行日）までの状態をさします。

これに対し**既発債**とは、「既に発行された債券」の意味。つまり、発行日の翌日以降、満期償還されるまでの期間は既発債とよばれます。

新発債と既発債の違い

では、同じ銘柄でありながら、新発債と既発債はどう違うのでしょうか。

まず、新発債は**一定の固定利回りで一定の募集期間中のみ購入**できます。既発債はその債券が満期償還を迎える前なら、いつでも自由に購入することができます。ただ新発債とは異なり、その時々の時価で売買されます。

　既発債はいつ買おうが売ろうが全く自由です。証券会社、銀行（銀行の場合は債券の種類によっては取り扱っていないものもある）が、その時々の時価で売買に応じてくれます。

　結論からいえば、**投資対象として債券を見る場合、本質的には新発債、既発債の別を考える必要はありません。**
　利回りが高い方が有利というだけのことです。「既に」発行されてしまった既発債より、「新たに」発行される新発債の方が価値があるなどということは、一切ないのです。

既発債って、あまり見ない気がするけど…

　ただ、証券会社などでは新発債は積極的にPRしても、既発債についてはあまり積極的にはPRしてきませんでした。このため、個人が債券を買おうとする場合、ほとんどの場合が「新発債」でした。

　これにはいくつか理由があります。
　まず1つには、新しく発行される債券については、各証券会社ごとに販売しなければならない額が決まっており、そのためにそちらの販売が優先されるということです。

引受額が 10 億円であるにもかかわらず、実際に新発債として販売できたのがそのうちの 6 億円であったとすれば、残り 4 億円分は自分自身で引き受けなければならないのです。これを残額引受といいます。

　2 つめには、投資家はどうしても「新しい」という言葉に敏感に反応しがちであるという事情があります。債券というのは何も新しいということだけでは、とくに価値があるわけではないのですが、この新発債をどの程度販売することができるか、というのはその会社の販売力を端的に示すと考えられているからです。

6-8 債券の最終利回り

> 債券の最終利回りは年利子に1年平均の償還差損益を加えたものを当初元本（価格）で割って求められる

　債券の投資価値を示す最も重要な指標、投資尺度が最終利回りとよばれるものです。

　債券を購入するときは、他の金融商品と同じ尺度ではからなければ、比較検討できません。債券の収益性を利回りを計算することで考えてみましょう。ここでは今の時代に合わせてうんと低い金利（クーポン）として考えてみましょう。

例題

クーポン：1.5%
償還期限：10年
価　格：99円50銭

この債券の最終利回りはいくらか

　この債券を取得し、10年後の償還期日まで所有し続けた場合、次の図のような形で収益が発生します。

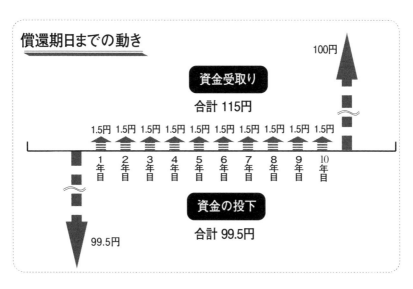

当初99.50円のお金を投下（投資）すれば、毎年1.5円ずつの利子が入り、かつちょうど10年後に100円（額面）が返ってきます。したがって、この10年間全体での利息相当分は次の式によって表わされます。

$$収益相当分 = \{(1.5 \times 10) + 100\} - 99.50 = 15.5（円）$$

ではこの場合、利回りはどうなるでしょうか。

1年あたりの収益相当分が、当初元本に対していくらであるかを計算すればよいだけです。

$$利回り = \frac{15.5 \div 10}{99.5} \times 100 = 1.557（\%）\cdots 下4桁以下は切り捨て$$

これが、債券の利回りの中でも、最も代表的なものです。"最終的に確定する利回り"という意味で「**最終利回り**」とよばれています。これを一般式として示せば、次のようになります。

最終利回りの計算

$$\text{最終利回り} = \frac{[\{(\text{クーポン} \times \text{年数}) + \text{額面}\}^{\text{元利合計}} - \text{価格}^{\text{当初元本}}]/\text{年数}}{\text{価格}} \times 100\%$$

$$= \frac{\text{クーポン} \times \text{年数} + (\text{額面} - \text{価格})/\text{年数}}{\text{価格}} \times 100\% \quad \cdots Ⓐ$$

この式は、次のように展開することができます。

$$\text{最終利回り} = \left\{ \frac{(\text{クーポン} \times \text{年数})/\text{年数}}{\text{価格}} + \frac{(\text{額面} - \text{価格})/\text{年数}}{\text{価格}} \right\} \times 100\%$$

$$= \left\{ \underbrace{\frac{\text{クーポン}}{\text{価格}}}_{①} + \underbrace{\frac{(\text{額面} - \text{価格})/\text{年数}}{\text{価格}}}_{②} \right\} \times 100\%$$

このうち①は、毎年受け取る利子収入の当初元本(価格)に対する比率、②は1年あたりの値上がり益の当初元本に対する比率を示しています。

つまり①は**インカムゲイン(利子収入)**、②は**キャピタルゲイン(値上がり益)**に相当し、この両方を加えたものが、**債券の最終利回り**というわけです。

5-9 直利（直接利回り）って何？

> 毎年定期的に受け入れる利子（クーポン）収入のみを収益とみなし、それが当初元本に対していくらの比率であるかを表わすものが直接利回り（直利）だ

　ここでは最終利回りと並んで重要な債券の直利について考えてみることにします。

　これは、債券に固有の利回りの考え方です。前ページの最終利回り算式をもう一度思い返してみてください。

　債券投資によって得られる収益には次の2つの種類がありましたね。

①1年間に受け取る利子収入の当初元本に対する比率
　……インカムゲイン
②値上がり益（償還差益）の1年あたり平均の当初元本に対する比率……キャピタルゲイン

最後まで持てない人のために

　満期償還を迎えるまでは、毎年①の収益は実現するもの。ところが、②の収益は満期償還期日になって、初めて実現する収益でしかありません。

　債券の最終利回りは、①②両方の収益が得られる、とみなした上で計算されますが、投資家にとっては、満期償還時になって初めて確定（実現）する値上がり益②はひとまず置いて、毎年手に入る利子収入の比率が大事だという人もいます。

　とくに、毎年受け取る利子収入を、計画的に何らかの資金に充てようとする人にとっては、このような考え方が必要なはずでしょう。

　この場合、毎年受け入れる利子収入①のみの元本に対する比率（収益比率）を表わす利回りが必要になってきます。これを**直接利回り（直利）**とよび、次の式で算出されます。

$$直利 = \frac{クーポン}{価格} \times 100 \, (\%)$$

　ここでわかる通り、この式は最終利回り算式（前出）のうち①のみを取り出したものです。言いかえれば、②の収益源（キャピタルゲイン）は一切考慮されていません。

では、期間 5 年の A（1.8％クーポン、99 円 50 銭）と B（1.0％クーポン、95 円）のそれぞれの直利はどうなるでしょうか。

$$A = \frac{1.8}{99.5} \times 100 ≒ 1.809 \quad (直利：1.809\%)$$

$$B = \frac{1.0}{95.0} \times 100 ≒ 1.053 \quad (直利：1.053\%)$$

たとえば 100 万円投資した場合、A では毎年 1 万 8090 円の利子収入がある一方、B では 1 万 530 円の利子収入です。したがって、毎年の利子収入を重視する場合には、A のほうが投資目的にかなっているわけです。

一般的に言うと、債券を満期まで持つことを前提にしている長期投資家（年金基金や生命保険会社等）は最終利回りの高低を気にするのに対して、途中でその債券を売却することを想定している事業法人や、単年度ごとの受取利息を重視する損害保険会社等は総じて直利を重んじる傾向にあります。

5-10 金利が上がると債券の価格が下がるのはなぜ？

「債券が4％から5％に上昇」→「価値アップ」→「価格が上がった」はどこが間違いか？

　債券について初心者が必ずと言っていいほどつまずくのが、債券の価格と利回りの関係です。

　価格が上がれば利回りは下がるのは当たり前だし、逆に金利水準が上がれば例外なく債券の価格は下がります。債券の利回りについて言及するあらゆるニュース記事では、これが前提になっています。しかしそのワケについては教えてくれない。何しろ「当たり前の前提」なのですから。

　しかし、そもそもなぜ人はこの理由が分かりにくいのでしょうか。おそらく次にお話しすることにヒントがあると思うのです。ちょっとしたエピソードをご紹介することにします。

　その昔、1990年代に知人の大手証券会社支店長氏から幾度か聞いたエピソードがあります。その話は、決まって「実際困っちゃう

んだよね」という前置きから始まったものです。

　当時、多くの証券会社は現役をリタイアした人の退職金運用のために、米国債券を積極的に販売していました。

　さて、その知人の支店長氏が言うには、「期間10年の米国国債を退職金の一部（800万円）で4％のときに買い付けた客が、その後5％になったので売りたいと支店にこられた」

「聞いてみると、利回りが上がったのだから商品価値が上がった。ということは価格が上がったはず。では一部売れば値上がり益が得られる、というんだ」。

　そしてうんざり顔で言う。「いやになっちゃうよ」。

　さて、あなたはこの顧客の考えの間違いがお分かりになるでしょうか？

「うん？？」と反応される方が多いのではないかと思います。
「利回りアップ」⇒「価値アップ」⇒「価格アップ」といえば、「その通りでしょ」と反応される方が多いと思うのです。

「投資価値」≠「そのもの自体の価値」がポイント

「債券はどうも理屈っぽくていけない。分かりにくい」と債券の初心者が思う理由の1つがここにあります。このハードルを越えられれば、初心者レベルでの疑問はひとまず雲散霧消です。

　実は、以上の考えの本質的な間違いは、「商品自体の価値」と

「投資価値」との混同に由来します。

　つまり、「この債券の利回りが4％から5％になった」ということは「**これから投資しようとする人にとっての価値**が上がった」ということです。
　この時には「**その商品自体の価格は下がった**のだ」ということはお分かりでしょうか。つまり「投資する人にとっての投資価値が上がった」ということは「商品自体の価格は下がった」ことを意味するのですから。

　投資用のワンルームマンション（オーナーチェンジ）を想定すれば分かりやすいでしょうか。
　Kさんが不動産会社を訪ねてみると「2000万円」といいます。賃貸人から入る年間賃料は120万円です。粗利ベースでの投資利回りは年6％です。
　Kさんは1ヵ月後に再び件の不動産会社を訪ねると「賃貸料はそのままで投資利回りは8％に上がった」とのこと。さて物件価格はいくらになったのでしょう？
　答えは1500万円です。つまり**「利回りが上がった」＝「投資価値が上がった」＝「そのもの自体の価格は下がった」**わけです。

　以上で言う賃貸料収入は、債券でいうクーポンです。これはあらかじめ決まっており、途中で変動することはありません。そしてこの賃貸料収入＝クーポンは、マンションなり債券を保有している間、ずっと受け取ることができるのです。

価格と投資価値は真逆の関係にある

　そのもの自体の価値（価格）と投資価値とは全く逆の関係にあること。将来生みだされる（受け取れる）収益が同じである以上、「安く買えたほうが利回りは高いに決まっている」のです。

　これは、債券だけではなく、あらゆる投資を考えるについての鉄則です。これから大化けする若手の画家に投資するなら、できるだけ安い時点で絵を買い上げてスポンサーになっておく方が収益率は高いのに決まっています。

　ここまで来れば、債券の価格と利回りの関係なんて簡単です。
　次のような債券があるとします。
「額面金額は100円」「表面利率3％」「期間2年」。
　つまり「（いくらで購入したかに関係なく）この債券を2年後の満期まで持てば額面金額通りの100円が返ってくる」「1年あたり100円＊3％＝3円を利子として受け取れる」。これだけのことです。
　これを満期まで持てば、106円の具体的なお金が得られることが確定しています。
　この債券が午前中は「90円」だったが午後には「人気が高いので92円」になっていたとします。さて、利回りは上がったのか、それとも下がったのか？
　計算するまでもなく「下がった」に決まっています。利回りとは「投資元本が1年間にいくらの収益を生むか」です。であれば、「**安く買えたほうが利回りは高いに決まっている**」のですから。

column

卵の生産性とニワトリの売値

　債券の価格と利回りの関係について、私は、最近とんでもない傑作に出会いました。ある証券会社がセミナーで使っているたとえ話だというのですが、これを聞いた時にはグウの音も出ませんでした。

　ある人が 1 週間に 4 個の卵を産むニワトリを 300 円で買った。本人は「いい買い物をした」と喜んでいた。

　それから時がたち、彼がそのニワトリを買った公設市場で「このトリは 1 週間に 5 個の卵を産むよ。値段は昔と同じ 300 円」という看板を目にした。品種改良か？　餌の質が良くなったのか？

　そこで彼は今のニワトリを売りに出すことにした。1 週間に卵を 4 個産むニワトリを市場に行って売り、1 週間に 5 個卵を産むトリを買おうとしたわけです。さてその時、1 週間に卵を 4 個産むニワトリはいくらで買ってもらえるでしょう？

まるで子どもだましのような話ですが、ここではまじめに考えてみましょう。
　1週間で卵を5個産むニワトリが300円で売り出されているのですから、4個しか産まないトリは、その5分の4の価値しかありません。つまり240円。

　これを債券に言い換えると、ニワトリが債券本体で、1週間に産む卵の数が利子です。多くの利子を生む債券（ニワトリ）が登場すると、少ない利子しか生まない債券（ニワトリ）の価値は下がる。金利が上がれば、すでにある債券の値は下がるのですね。
　それにしてもこのお話には「参った！」です。

　債券に即して言うと「より高い利子がもらえる（＝クーポンが高い）債券が新しく発行されたので、今持っている低い利子の債券は売ってそちらを買おう」⇒「古い債券は売られるので価値が下がる」というわけです。つまり、金利が上がれば（既存の）債券の価格は下がる、というわけです。

5-11 債券は「元本保証だからリスクはない」は間違いである

> 「債券は安全性の高い商品である」との認識はある意味正しいようにも思えるが、インフレリスクにはご注意

　債券は満期まで持てば元本がちゃんと返ってくるから安心、リスクはない。こう考えているとすれば危険です。なぜか？

　たしかに、「債券を発行した会社が破綻して、利子や元本を返せなくなった」ということでも起きない限り、一応安全です。しかし、だからといってリスクがないわけじゃないのです。

債券は「元本保証」だけれど「リスクはある」。

　これを直感的に理解するのに一番いい例は、戦時国債でしょうね。

紙クズと化した戦時国債

　どこの国でもいつの時代でも、戦争には巨額のお金が必要です。

だからといって、税金で賄うことは簡単ではありません。戦時中だから、国民全部が食うや食わずのぎりぎりの生活をしているし、経済は疲弊しているのが普通です。軍事費を賄うために、広く国民に増税することはできません。こんなときの切り札が国債なのです。**国債を発行してお金を調達する**わけです。

で、日本でも第二次世界大戦時に戦時国債が発行されました。お国のためにといって買ってもらい、それを軍事費にあてたわけです。

そして、戦後になり満期を迎えて、約束どおり元本が国債と引き換えに支払われました。しかしここで元本を受け取った人は全員、ほとんど裏切られた思いだったのです。なぜか。

満期までに物価がとてつもなく上がっていたので、その元本は二束三文の価値しかなかった。つまり紙クズ同然だったのです。

インフレは借り手には好都合、貸し手は大損害

債券は元本保証であっても、インフレにはからっきし弱いのです。逆に、債券を発行する側からみれば、満期までの間にインフレが進めば、実質的な負担は激減するわけです。

借金する側から言うと、インフレは大歓迎なのです。

今100万円借りて10年後にあらゆる物価、賃金が10倍になったとしましょう。給与も月30万円なのが300万円になるわけです。これだと100万円の返済なんて大したことはありません。明らかに得をしたことになります。

2022年から日本でも、ほとんど35年ぶりのインフレが進行中ですが、これまでのデフレ時代には債券の満期金が目減りすることはありませんでした。

　でも、**インフレ時代になれば、債券は「元本保証だけれど」「実質的にリスクを負っている」と考えるべき**でしょう。

債券は満期まで取引価格は変動し続ける

　債券が「元本保証」だけれどある種の「リスク」があるということには、もう1つの理由があります。

　確かに発行者が当初の約束通り利子を支払い、償還金を払い戻せば、全く損失はなかったように見えます。しかし、これはあくまで名目上の話です。

　3％の金利（クーポン）、期間10年の債券を保有していて、途中で金利が上昇して2年目には5％、3年目には7％というように上がり続け、10年後に満期償還を受けたときには同じ10年の債券の金利が10％になっていたらどうでしょう。

　この債券の保有者は、「あの時点で3％の債券を買うんじゃなかった」「金利がどんどん上がっているにもかかわらず、毎年手にする利子は3％だけ」「もっと後に買っていれば5％、7％の利子が付いたはず」と後悔しますね。

　つまり、**購入時期をずらせば、より高い金利の債券が買えた**のですから、3％という低い金利の債券を買ったということは、実質的にはリスクを負ったのです。これを「**機会収益の逸失リスク**」と呼びます。これも広義の意味でのリスクです。

では金利が上昇しているときに、より高い5%あるいは7%クーポンの債券を買い入れるために、3%クーポンの債券を売ればどうなるか。この時は、間違いなくこの3%クーポンの債券の価格は大幅に下がっています。つまり損失を被ることは避けられないのです。これは明らかにリスクです。

企業保有の債券は時価評価

一方、企業の場合はより深刻です。民間企業が保有する債券は決算期ごとに、その債券の価値を評価する必要があります。その場合、評価の基準になるのは時価です。これは、株式などの有価証券の場合と同じ。

額面1億円の債券は、満期になれば1億円の元本が戻ってきます。しかし、満期までは頻繁に価格は変動し続けています。そこである決算期末に、この債券の価格が90円（額面100円当たり）だったとしましょう。この時、この1億円額面の債券は「9000万円」として評価されます。95円の価格で買ったのなら買値は9500万円ですから、その評価額が9000万円になれば「500万円の損失」を計上しなければならないわけです。これが企業収益を減らすことはもちろんです。

つまり、「満期になれば元本（正確には額面金額）が返ってくる」とはいえ、リスクがないとは到底言えないのです。

なお、債券の中にはインフレになると、それに応じて途中で受け取れる利子が増える**変動金利型の債券**もあります。このタイプの債券だと、**インフレによる元本の目減りはある程度は防げます**。

6章

What happens
if interest rates rise?

これからの
金利との
付き合い方を
考える

6-1 金利は長期が先行、短期が遅れるのはなぜか（期待利子率説入門）

> 短期金利が「今後上がる」見込みになったところで、長期金利が先に上がる。だから長期金利を見ておけば、短期金利の動きが読める

ここでは、金利の動きを予想するうえで決定的に重要な考え方を取り上げます。

こういうと「金利をめぐるメカニズムが一通り分かった。物価、景気、そして株価の動き。この3つに注目していればいいんでしょ」という声が聞こえてきそうですね。たしかにそう。

物価が上がる⇒金利が上がる、景気が好調⇒金利上昇、株価上昇⇒金利上昇、というメカニズムが基本です。「だから、物価、景気、株価の動きを見ていれば、だいたい金利の動きは予想できる」。たしかにその通りです。

しかし、これはいずれも外部要因に着目したうえでの見方です。

それに対してここで取り上げるのは、**内部要因によって金利の先行きを予想する**方法です。「内部要因」といっても、原理はとても

単純です。より直接的な要因だといってもいいでしょう。

　ここではまず①数多くある金利がどのような順序で上がるのか——を話したあと、それを下敷きにして、②これからの金利の動きを予想するうえでは何を見ていればいいのか——という問題に答えることにします。

金利が上がる順序

　実は**金利が動くときには順序があります**。最大の原則は「長期金利が短期金利に先行して動く」ということです。なぜか？

　ここに以下のような状況を想定します。

〈ケース1〉現在の1年預金金利は1％、1年先の1年預金は2％と予想

　この場合には、現時点での2年預金の金利は**1.5％**であるのが合理的です。
　なぜなら、1年金利を2回繰り返した（ロールオーバー）ときの2年後の元利合計と、2年預金の満期時に受け取る元利合計がいずれも「元本＋3％分」で同じになるからです。

　金融の世界では**リスクが同じであれば収益も同じ**というのが原則なのです。そうでなければ、お金の流れが極端に一方に偏るからです。たとえばこれから金利が変化しないことがほぼ確かであるのに、

1年定期＝1％、2年定期＝2％だったら、多くの人は1年定期を利用しようとはしないでしょう。

では次のような場合はどうでしょう？

〈ケース2〉現在の1年預金金利は1％、1年先の1年預金は3％に上がっていると予想

この場合には2年預金の金利はいくらであればいいでしょう。**2％**です。

この時には1年預金を2回繰り返したときの2年後の利息は4％分、2年預金の満期時までに得られる利息も4％と同じになるからです。

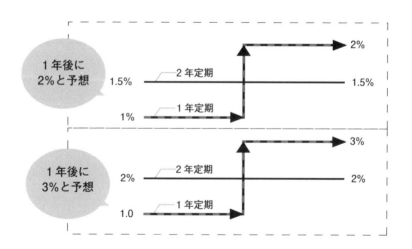

予想が現実を変える

さて、以上の2例は何を意味しているのでしょう。

そう。**「1年先の予想金利が上がっただけで、ただちに現時点での2年預金金利が上がる」**ということです。

この「将来の金利予想値が上がっただけで」という部分はとても大事です。**「予想が現実を変える」**のです。以上が「短期金利より長期金利が先行して動く」ことの基本的な考え方です。

この理屈は、現実には政策金利の引き上げが行われそうなとき、きわめて重要な視点を私たちに提供してくれます。

いわゆる金融ウォッチャーとよばれる人たちは、この短期金利（政策金利）が動くよりはるか前から、長期の金利の動きを見て「政策金利」の将来予想を行うのです。

ここまで、①短期と長期金利とどのような順序で動くか、というテーマで話してきましたが、ここで②これからの短期金利の動きは長期金利の動きを見ていれば予想できる——というテーマにつながってきたことがお分かりですね。

「長期金利が先に動く」ということは**「これからの短期金利の動きを予想するなら長期金利を見ていればいい」**ということを違った角度から表現しただけなのですね。

①短期金利がこれから上がりそうという予想に変わっただけで、長期の金利は直ちに（現実に）上昇する。
②金利が変わるときにはより長期の金利が先に動き、それを追認するように短期金利は遅れて動く。
③短期金利の動きを予想するには、より長期の金利の動きを見ていればいい。常に短期金利の行方を指し示してくれるのだから。
④金利が上がるときには長期金利は短期金利に比べてより高くなる。下がると予想される時期はその逆。

このことは、日本よりはるかにダイナミックに金利が変動する米国の近年の例を振り返れば、一目瞭然です。

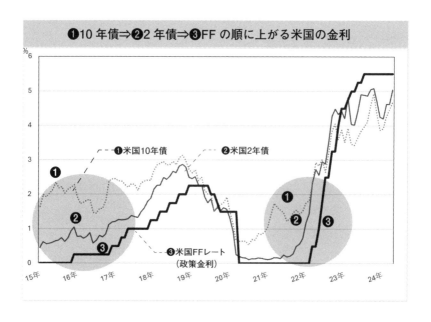

❶10年債⇒❷2年債⇒❸FFの順に上がる米国の金利

2020年から始まった世界的なインフレでは、米国FRB（中央銀行に当たる）が2022年から連続的にかつ急激な利上げを行ったのですが、それに先立ち期間10年の国債利回りが上昇し始めていることが明らかです。10年国債利回りは短期の政策金利の行方を正しく予見していたのです。

　その後、2023年からは逆に10年利回りは低下に転じています。これは「近い将来、短期金利（米国の政策金利＝FFレート）が低下するよ」と私たちに教えてくれているのです。

　実際、2024年9月には、そろそろ米国では利下げが始まりそう、との見方が大勢です。

　だからこそ、長期金利の動きからは目を外せないのです。これは日本でも全く同じです。「とにかく「10年国債の利回りには注意を怠れない」のです。つまり、**これからの日本の利上げ劇でも長期金利が先行して上がり、それに遅れる格好で各種の短期金利が上がる可能性が高い**のです。

　金利が本質的に備えている以上のような考え方を「**期待利子率説**」と呼びます。つまり、「これから短期の金利がどのように動くかという期待（＝予想）が、長期の金利の動きを決める」という説（考え方）です。実際、これまでの経験則からも、この考え方は金利の動きを的確に予想していたことが多かったのです。

　これはこの後で説明する「イールドカーブ」という金利特有の考え方に発展していくのですが、その前に、まず個別金利がどのような順で変わっていくのかにつき具体的に説明しておきましょう。

6-2 金利が変わる具体的な順序を見てみよう

> 前項では、「先行する金利と遅れて動く金利がある」ことを説明した。では、具体的にはどんな金利がどんな順序で変わるのか

1，10年国債⇒長期固定住宅ローン金利・企業向け貸出金利

　政策金利が近い将来上がりそうだと予想される時、まず上がり始めるのが**10年国債の市場で取引されている利回り**です。どんな時に政策金利が上がりそうなのかについては、次の2つが主な条件となります（この原理は3章で説明した通りです）。

①物価が上がるときには、政策金利を上げて物価上昇にブレーキをかける。
②景気が過熱化しているときは、それを冷ますために政策金利を上げる。

　ともあれ、10年国債の利回りが上がり始めると、その後何が起

きるか。このとき私たちの生活で直接影響を受けるのが、**長期の固定金利型住宅ローン金利**です。

住宅ローン金利には変動金利型と、10年〜35年といった長期固定金利型がありますが、そのうちまず長期固定のローン金利が上がります。タイミングは「月初から」というのが基本です。

このとき、**銀行が企業に貸し出す期間が1年以上の長期の金利**も上がり始めます。もちろん、企業との個別交渉を通じてです。いずれにしても、この時点ではまだ政策金利は上がっていません。「引き上げられるだろう」という予想だけで長期の金利が先に動くのです。

さて、この後はどんな展開になるのでしょうか。

2，既発債利回り→新発債利回りの順で上昇

ここでぜひ知っておいてほしいことがあります。それは、前に「10年国債の利回りが上がった」と言いましたが、実はこれには2つの段階があるのです。

最初は、すでに発行され市場で毎日のように取引されている既発国債の利回りが先に上がります。これが**市場実勢利回り**とよばれるもの。新聞の相場欄やネットサイトで示されるのはこの利回りです。これが上がってくると、新しく国が発行する国債の利回りも引き上げられます。

前に「債券にはすでに発行されて市場で売り買いされている既発債と、これから新しく発行される新発債がある」と話しましたが、まず既発債の利回りが上がり、それに合わせるようにちょっと遅れ

て新発債の利回りが上がるのです。もちろん、すでに発行された既発債の利回りが仮に2％から3％に上がれば、新しく発行する債券の利回りも3％に上げなければ誰も買ってくれないからです。

こうして国債の利回りが先行して動き、次いで長期の住宅ローン金利や企業向け長期貸出金利が上がっていったあと予想通り、**政策金利が実際に引上げ**られます。

これがいわゆる「**利上げ**」です。日銀が、たとえば0.1％とか0.25％引き上げるわけです。実際、2024年3月と7月に日本銀行は利上げに踏み切っています。

3，政策金利⇒短期の預貯金・カードローン金利など

政策金利が上がると何が起きるでしょうか。銀行にとってはお金の調達コストが高くなります。だから、貸出金利も上げざるを得ないので、短期の貸出金利を引き上げます。それにつれ各種カードローンの金利なども、ドミノ倒しのように相次いで引き上げられていきます。とともに、変動金利型の住宅ローン金利も引き上げられます。

このように、金利が動く順を把握しておくことは、マーケットをよりよく知るための必須事項です。もう1つは、くどいようですが、これからの金利の動きを知るには、**何を措いてもまず10年国債の市場利回り**をチェックしておくべし、ということです。

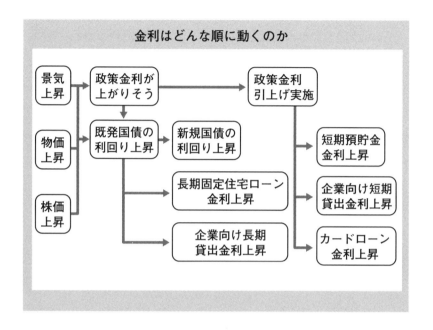

column

秒速で変わる金利 vs 週イチ、月イチで変わる金利

　数多くある金利の中には、瞬間的に変わり続ける金利から、原則として月曜日に変わる金利、月に1回、月初あるいは上旬に変わるものまで、変わるタイミングは実に様々です。

　まずは、文字通り秒単位で変わる金利の世界があります。国債などの債券の売買に伴ってつく金利で、株価と同じように時々刻々と動きます。日本では、大手の銀行、証券会社、機関投資家などが頻繁に大量の国債を売り買いしており、その売買によって国債の利回り（金利）は時々刻々と変化します。最も代表的なのが期間10年の国債です。

　一方、短期金利の世界にも秒単位で変わる世界があります。銀行間で短期の資金のやり取りを専門に行うインターバンク市場のコールレート(金利)がそれです。ここではごく短期の資金がやり取りされ、コールレートが瞬間的に決まります。

　このあたりが最も早く動く金利で、これらの俊敏に動き続ける長期国債利回り、コールレートを基準に、銀行などが預貯金金利を決めるという仕組みです。なお、預貯金金利が変わるのは、原則として月曜日からです。

　一方、長期住宅ローン固定金利は主に10年国債等の利回りを参考に、毎月1回、月初から変わるのが慣行になっています。

　このように国債売買市場での利回りやコールレートが先行し、それらを基準に遅れて新規発行国債の利回り、預貯金、住宅ローン金利などが動くのです。

6-3 イールドカーブ（利回り曲線）で金利を予想する

> 金利が上昇すると予測されるときには、イールドカーブは右肩上がりになる。その傾きが急であればあるほど、これからの上昇ピッチが速く、かつ大幅であると予測できる

　前々項では①長期金利は短期金利に先んじて動く②長期金利を見ればこれからの短期金利の動きが予想できる——ことを話しました。期待利子率説という考え方ですね。この考え方は、**イールドカーブ（利回り曲線）** という金利を予想するうえでは絶対に外せないテーマにつながっていくのです。

　イールドカーブは、債券に即して説明するのが分かりやすいと思います。
　債券には多くの銘柄がありますが、これらの利回りを期間ごとに並べて描いていくと1本の曲線が得られます。一般的にはタテ軸に最終利回りを、ヨコ軸に残存期間をとったうえで作成します。つまり、債券の残存期間の違いによる利回りの分布状況を、平均的な1本の線で示したものです。債券の投資分析を行なう際の基礎デー

タとして用いられるものです。

　このイールドカーブの形状・水準を観察することにより、その時点で市場関係者が今後の債券利回りの動きをどのように予想しているかが分かるのです。

　さて、前々項で期待利子率仮説を述べた後でこの「イールドカーブ」の説明を始めたのには意味があります。勘の良い方はすでにお分かりかもしれません。そこでは次のように話しました。

> ①「将来金利が上がると予想される時期には、期間が長くなるにしたがって金利水準は高くなる」
> ②「金利が下落すると見込まれる時期には、長期の方が金利水準は低くなる」

　実はこれは、イールドカーブの形状のことを指していたのです。
　すなわち期待利子率説の考え方に立つと、上の①②は次のように言い換えることができます。

> ①' **金利が上昇**すると予測されているときには、イールドカーブは**右肩上がり**になる
> ②' **金利低下**が見込まれるときには、イールドカーブは**右肩下がり**になる

　そしてその傾きが右肩上がりで**急であればあるほど、これからの短期金利の金利上昇ピッチが速く、かつ大幅であると予測できる**の

です。

　ちなみに、日本では全く政策金利の引き上げが噂にも上らなかった2022年と、20年ぶりの利上げが始まりそうだという2023年時点でのイールドカーブを示しておきましょう。

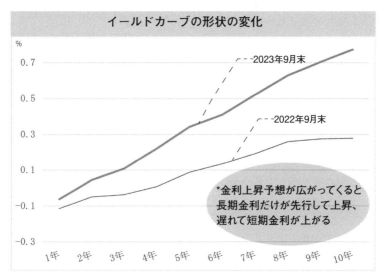

　この図は期間1年から10年までの国債の市場での利回りを示したものです。

　2022年時点では極めて緩やかな右肩上がりだったのが、2023年9月時点では傾きが急になってきています。短期金利（1年利回り）にはほとんど変化はありません。つまり、「長期金利が先行して上げてきたということは、そろそろ政策金利の引き上げが近くなってきた」と読めるのです。

　実際その後、2024年3月と7月には日本銀行は政策金利（短期金利）を計0.35％引き上げています。

6-4 長短金利逆転は景気悪化の前兆

> イールドカーブは、金利の予想だけでなく、景気の動きも予想する

　ここでもう1つイールドカーブについて、重要なトピックを取り上げておきます。それは、イールドカーブの形状で金利が予想できるだけではなく、近い将来の景気の動きが読めるということです。

　前項では、イールドカーブを見ればこれからの金利が上がるかが分かる、と説明しました。つまり、

①右肩上がりのイールドカーブ（順イールド）は、これから金利が上がることを示す
②右肩下がりのイールドカーブ（逆イールド）は、これから金利は下がることを示す

でした。

では、ここで景気と金利の関係を思い出してください。3章3項では次のように説明しました。

> ③景気が良くなるときには金利は上がる
> ④景気が悪化するときには金利は下がる

さて、ではこの①と③を組み合わせればどうなるでしょうか。
・**右肩上がりのときには金利が上がる＝これから景気が良くなる**
　＝ことを示している
となります。
②と④だと
・**右肩下がりのときには金利が下がる＝これから景気が悪くなる**
　＝ことを示している
というわけです。

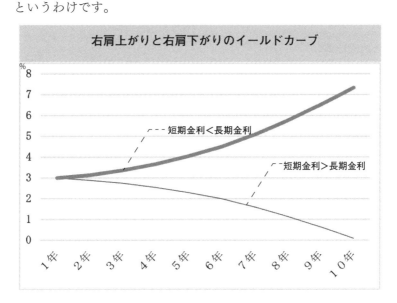

イールドカーブが右肩下がりということはすなわち、短期金利＞長期金利の状態にあるということです。つまり、長短金利が逆転していることを意味します。

さてでは米国に例をとって、政策金利（短期金利）と10年国債金利のこれまでの動きを並べて描いてみましょう。図ではハイライトの部分が短期金利＞長期金利の時期です。

確かに①〜③の長短金利逆転が見られた時期には、ほどなくして景気は後退していることが分かります。

そう。「長短金利の逆転は景気後退のシグナル」なのです。

2024年8月現在、いよいよ米国の景気後退の兆しがいくつか現れてきているのですが、さて…？

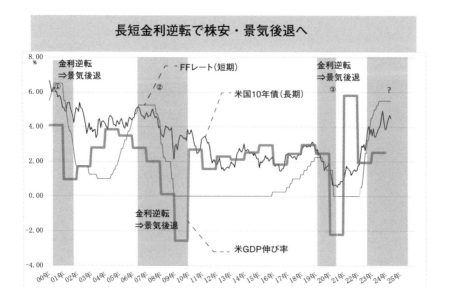

6-5 債券のデュレーションって何?

> 債券投資に伴うリスクを測るうえで必須の概念が「デュレーション」。金利変動によりどの程度価格が動くかを示す尺度だ。つまり価格変動の大きさを端的に示す

　最近、個人投資家に人気があるのが、海外の高利回り債券で運用する投資信託（ファンド）。また、富裕層の人の間では証券会社から直接海外の債券（外債）を購入する人も少なくありません。このような債券投資で、絶対外せないのが**デュレーション**（単位：年）の考え方です。平たく言うと「金利が上下すると、それに伴いその債券の値段がどのくらい変化するか」というその度合いのことです。分かりやすくいうと「**価格変動性**」です。

　債券には、満期までの期間のほかクーポン（表面利率）、価格などが異なる実に多くの銘柄があります。これらの債券のなかから投資対象銘柄を選ぶ際に、最も重要な要素がこのデュレーションなのです。
　なぜか。銘柄により相当の差があるからです。

デュレーション＝価格変動性

分かりやすく言うと「利回りが1％変化すればそれに応じて価格はどの程度動くか」を示すものです。そしてデュレーションの数値が大きいほうが価格変動率が高いのです。ということは、**デュレーションが長い債券の方がハイリスク・ハイリターン**だということです。

デュレーションを決めるのは「満期までの期間」「クーポンの水準」そして「最終利回りの水準」の3つの要素なのですが、このうち**「満期までの期間」**がデュレーションのほぼ9割方を決定します。そこで以下では、期間の長短の違いで個々の債券の価格変動性がどう変わってくるのかを説明します。

> **例**
>
> ここに以下のような2つの債券があるとします。A,Bともにクーポン（表面利率）、最終利回りは同じで2％です。「クーポン＝最終利回り」ということは、この債券を満期まで持った場合の収益はそのすべてがクーポン（利子の支払い）であることを示しています。つまり、満期まで持った時の値上がり・値下がりはゼロなのですから、この債券の価格は額面100円につき100円です。

A銘柄：価格100円　期間1年　クーポン2％　利回り2％
B銘柄：価格100円　期間10年　クーポン2％　利回り2％

A、Bともに利回りが1％上がり3％になったとしましょう。それぞれ価格はいくらになったでしょうか？

　もちろん、クーポンは変わりません。債券の利回りは「1年あたりの利子」と「1年間当たりの値上がり益（値下がり損）」を合計したものであることは「債券の最終利回り」で説明したとおりです。

　A、Bともに利回りが3％になったということは、2％のクーポンに1％分の償還差益（1年あたり）が加わったことを意味します。

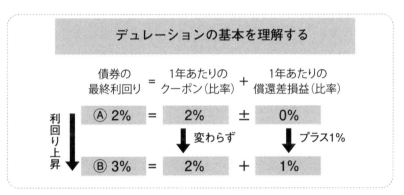

つまり「1年につき1％分の値上がり益」が得られる必要があるのです。もちろんそのためには価格が変化することが必要です。
　1年債のAの場合には、1年で1円分の値上がり益が得られればいいので、価格は99円01銭に下がっているはず。一方、10年債のBは「1年あたり1％分の値上がり益」を得るためには、「10年間では10％分の値上がり益が必要」なのです。計算してみると90円91銭となります。

　同じように1％だけ利回りが上がっても、期間が長い債券の方が価格は大きく下がることが分かります。つまり、満期までの期間≒デュレーションが長いほうがリスクは高いのです。

　海外の債券で運用されている投資信託の説明書には、必ずこのデュレーションが示されているはずです。これは、そのファンドの金利変動に対するリスクの大きさ（＝リターンの大きさ）を端的に表しているのです。

6-6 金利は長期が高い、という常識をぶっ飛ばせ!!

> 一般的には長期金利は短期金利に比べて高いことが多いのですが、逆に短期のほうが高くて当然という考え方もある

『短期金利と長期金利との間で金利の差はなぜ生じるのか』というテーマを解くカギの1つが本章の1項でとりあげた[期待利子率説]です。

しかし、にもかかわらず「長期金利が短期金利に比べて高いのは当然」と思い込んでいる人が多いと思うのですね。

実はこの短期金利＜長期金利という"常識"は、お金の貸し借りの現場感覚からいうと、必ずしも"常識"ではありません。

確かに私たちの経験に照らせば、**短期金利＜長期金利**という関係が自然だと思いがちです。

銀行の預金金利では、「銀行側から見ると短期預金は流動性に富んでいるため、預金を受け入れるにしても不安定な資金でしかないため、適用金利は低くて当然」。

逆に「預金者にとって長期の預金は（流動性を犠牲にして）長期間預け入れているのだから、短期預金より高い金利が保証されて当然」というように説明されると「そうかな」と思いますね。

　でも、こうした理屈（？）は常に正しいとは限らないのです。
　なぜでしょうか。以下２つのケースを考えてみましょう。

のどから手が出るほど資金がほしいと…

　まずインフレ懸念が高まったとしましょう。つまり、企業による生産・販売・流通活動が活発になっていて景気は過熱状態です。
　このような場合、往々にして、短期の金利は急激に上昇して、場合によっては長期金利の水準を超えることが珍しくありません。一時的に企業では資金がひっぱくしているので、『長期金利より短期のほうが高くても、とりあえずはその短期の資金が欲しい』となるからです。

　ここで発想を180度転換してみると分かりやすいかもしれません。「短期金利は長期金利より高くても、その高い金利が適用されるのは短期間だけのことだ」というように。あるいは、商品を販売する側（利息を付ける＝コストを負担する＝側）にとってみれば「金利は高いが、この高いコストは短期間だけ負担すればよい」というように。
　このように見れば、短期金利のほうが長期金利より高いということは、決して不思議なことでも何でもありませんよね。

もっと分かりやすくいいましょう。読者のうちに、次のような経験をしたことがある人もおられると思います。

「給料日までの1週間だけと思って目をつぶって、サラ金からお金を借りた」——と。そのときあなたは「短期間しか借りないのだから、金利は低くて当たり前」と考えたでしょうか？

「ごく短期の借り入れだから、多少金利が高くてもいいや」となったはずです。

そう、「短期だから金利が高いのが当たり前」という世界があるのです。

超低金利時代に出た「年率12%」商品のヒミツ

　実際、「**短いから金利を高くできる**」という現象が2000年代半ば以降、広範囲に見受けられました。一部の銀行が「豪州ドル定期預金」などの外貨預金で「年率12%」といった、ほとんど信じられないような高い金利を採用したのです。

　たしかにこの当時、豪州ドル定期預金の金利は比較的高いことで知られていました。しかし、それまではどこの銀行でもせいぜい5％程度の金利しかつけることができなかったところを、「年率12%」という利率にしたのです。

「キャンペーン期間限定」という条件ではありましたが、実はそのヒミツは「**1ヵ月定期**」であることにあったのです。つまり「年率12%」という条件（約束事）が有効なのは最初の1ヵ月だけだったのです。

　つまり最初の1ヵ月だけは「年利12%」だけれど、2ヵ月目以

降の金利は通常の金利である「年率5％」というようにグンと下がったのです。つまりこの条件で1年間預け入れておいても、1年後に手に入った金利は5.58％分に過ぎなかったのです。

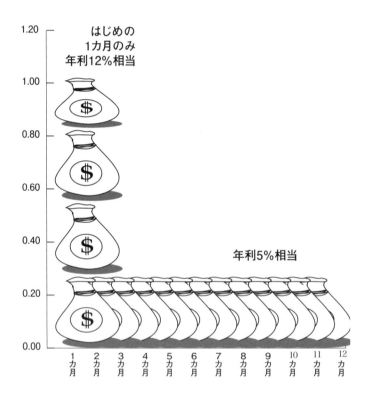

$$12\% \times \frac{1}{12} + (5\% \times \frac{11}{12})$$

$$= 5.58\%$$

6-7 外貨建て商品の実質利回り計算

> 外貨商品の実質利回りは、商品それ自体が持つ金利等収益に為替差損益をプラスして計算される

　円をドルに換えて、そのドルでドル建て商品（確定利付商品）を購入し、運用終了時点で、そのドルを円に換えることとします。

　このとき、円→ドル転換時の為替相場に比べて、ドル→円転換の為替相場がドル高かドル安かで、ドル建て商品の表面利回り以上の実質利回りが得られたり、その逆であったりします。

円→ドル（預入）時に比べ、ドル→円（払戻）時の相場が……

　　円高・ドル安　→　実質利回り　＜　表面利回り

　　円安・ドル高　→　実質利回り　＞　表面利回り

『円を外貨に換えた上で外貨建て商品を購入し、運用終了後得られる外貨を再び円に換える』という投資における、為替相場変動による投資効率の変動を事例を通して考えてみましょう。

> **例題**
> 運用資金：151万円
> 運用商品：ドル建て2年物（確定利付）
> 運用利回り：4%（1年単利）
> 運用開始時（円→ドル）の銀行間直物為替相場
> ：1ドル＝150円　TTS＝151円
> 運用終了時（ドル→円）の銀行間直物為替相場
> ：1ドル＝160円　TTB＝159円　**ケース1**
> 運用終了時（ドル→円）の銀行間直物為替相場
> ：1ドル＝140円　TTB＝139円　**ケース2**

この場合、各時点での資金の流れは次の表のようになります。

預入時の円 → ドルレート【1ドル＝151円】

	ケース1 円安・ドル高 【1ドル＝159円】	ケース2 円高・ドル安 【1ドル＝139円】
当初元金	151万円	
ドルに転換	1万ドル	
2年目の元利合計	10,800ドル	
円に転換	171.72万円	150.12万円
実質利回り（年）	＋6.86%	－0.30%

ここで注意すべきは、私たちがニュースなどで見聞きするドル円相場は銀行間で行われている**直物取引レート**であること。

外貨預金などを利用するときには、米ドルの場合、通常このレートから1円上のレート（TTS）で預け入れ、引き出すときにはその時点の直物取引レートから1円下のレート（TTB）が適用されます。

比較的TTSとTTBのスプレッドが小さい米ドルの場合でも、その2円の差（顧客にとってはコスト）は思いのほか大きいと分かります。

6-8 株式や不動産の利回り計算

> 株式では時価（元本）あたり1年間に支払われる配当の額がどれだけかを示す。不動産の利回りは投資元本に対する年間の賃貸収入で表わされる

あらゆる投資の成果は利回りで計測されます。ここでは株式の利回りについて話しておきましょう。

　株なんて、いくら上がった、下がったの世界で利回りなんて関係ないのでは……

そう思う人は、日経新聞のマーケットデータ面の表を見てください。この中には「利回り」という言葉が2か所に出てきます。**配当利回り**と**株式益利回り**です。

投資家たちは、この指標には注目しています。**日本の株式市場全体のコンディションを知る**ためにも、とても重要な指標だからです。

◇投資指標　（PERと配当利回りの太字は予想、カッコ内は前期基準、PBRは四半期末基準、連結ベース）

	PER (倍)	PBR (倍)	配当利回り (%) 単純平均	加重平均
日経平均採用銘柄	15.41 (15.81)	1.35	1.99 (1.88)	
JPX日経400採用銘柄	15.58 (15.66)	1.43	2.09 (2.01)	2.32 (2.17)
東証プライム全銘柄	15.26 (15.66)	1.29	2.45 (2.30)	2.35 (2.18)
東証スタンダード全銘柄	13.64 (14.70)	0.98	2.46 (2.46)	2.32 (2.47)
東証グロース全銘柄	45.27 (95.20)	2.98	0.75 (0.65)	0.56 (0.45)
株式益回り（東証プライム全銘柄）			予想	6.55%
			前期基準	6.38%

日本経済新聞朝刊 2024年8月20日

配当利回り

　株への投資でベースになるのは、企業が**稼ぐ利益のうちどれだけの額が株主に払われるか**という問題です。
　債券は初めにどれだけ利子を支払うか決めて発行しますが、株でも、決算ごとに収益の一部を株主に配当として払います。
　その**配当金が株式に投資した金額に対して何％か**を示す数値が**配当利回り**です。

配当利回り（一般式）

$$利回り = \frac{1株当たり年配当金}{株価} \times 100$$

　日経新聞にも掲載されている 配当利回りは、1株につき支払われる年間配当を、その時点での株価で割って算出したもの。単に株式利回りともよばれます。ちなみに、今期の決算で予想される配当を基準にしたもののため「予想配当利回り」とよぶこともあります。2.02％ならば、100円の株価に対して年に2.02円の配当が見込めるという意味です。

株式益利回り

　そしてもう一つ、株式益利回りというものがあります。
　これは先ほどの配当利回りの式で、配当金のところを「税引き後利益」に置き換えたもので、**1株当たりどれだけ会社は儲けたか**を比率で表しています。

ちなみに、配当利回りとこの益利回りとでいうと、益利回りの方が高いのが当たり前。企業は稼いだ利益から税金を引いた「税引き後利益」から配当を払うことになるからです。

　これを踏まえると、その企業の業績の良しあしを見るのは、配当利回りだけを基準にしていたんじゃダメなのですね。

　税引き後利益からどれだけ配当を払うかは、個々の企業が決めるもの。この割合を**配当性向**と呼びます。企業によってずいぶん幅がありますが、全体の傾向からいうと、日本の企業は古くから配当性向が低かったものです。ただ最近では、株主を大事にしようという米国流の考え方が浸透して、だいぶ上がってきました。

不動産投資の利回り

　低金利時代が長く続く中で、不動産の価格が堅調です。円安で割安感も手伝って外国資本も入り、都心部などではまずまず順調。個人でアパートやマンションに投資する人も増えています。この場合も利回りの尺度がとても大事になります。

　不動産投資の利回りの基本的な考え方は債券や株式と同じです。ただ、**途中で受け取る収益**と**物件自体の値段の上げ下げ**という２つの要素から計算します。また、入居時に受け取る礼金・権利金や、管理を任せる管理料、固定資産税までを含めて運用利回りを考える必要があります。

　具体的にはまず、投下元本（＝物件の取得価額）に対し、賃貸収入がどの程度かを考えます。この表面上の賃貸収入のみをカウント

するものを**表面利回り**と呼びます。

　投資用不動産の広告に載っているのは、だいたいこの表面利回りです。

　ただ、これに加えて固定資産税、管理料などさまざまなコストや更新料収入などスポット的な収益が付いて回ります。

　これらを考慮したうえで、実質的な運用利回りを計算しましょう。

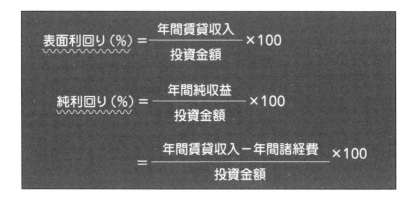

　さらに物件自体の値段の上がり下がりも大事です。実際には、どこかの時点で物件を売り払って現金を回収するのですから。

　この場合も、基本的な考え方は債券の利回り計算と同じです。

❶運用期間中の値上がりや値下がりを、運用期間（年）で割って1年当たりの値上がり益、値下がり損（キャピタルゲイン・ロス）を計算する。

❷「純利回り式」の分子に、以上で計算した「1年あたりの損益キャピタルゲイン・ロス」を加える。

巻末資料

What happens if interest rates rise?

主要な財務係数一覧

1 財務係数を使って元本、期間、利率、元利合計の関係を知る

　お金の運用ならびにその反対側にあるお金の調達は、つまるところ、3つのパターンしかありません。

　①一括運用　→　一括払戻し
　②一括運用　→　定期的取崩し
　③積立運用　→　一括払戻し

　それなら、この3つのパターンで、実際よく使われる計算結果を一覧表にしてしまえ、というのがこの財務係数です。
　いずれも期間と金利が決まっている場合、元本から利子を計算したり、利子から元本を計算するときに利用できます。それほど厳密な計算を必要としない場合、大いに役立ちます。ここでは代表的な6つの関数をとりあげます。

①一括運用 → 一括払戻し

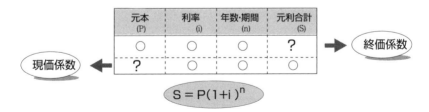

②一括運用 → 定期的取崩し

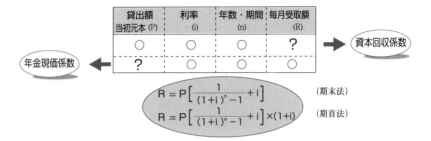

③積立運用 → 一括払戻し

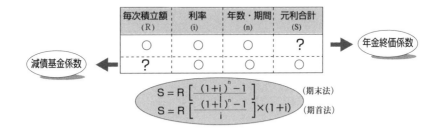

注）この巻末資料でとりあげる係数はすべて、年単位で計算されていますし、利率はすべて年複利で考えられています。

2 主要な係数（1）
終価係数

　預けてある元本を一定の利率で複利運用していけば、一定期間後にはいくらになっているかを示す係数を**終価係数**といいます。

　つまり、一括**預け入れした元本が一定期間後にはいくらの元利合計になって払い戻されるか**を計算するときに用いられ、かなり初歩的な係数です。一般に、1年複利として計算されたものですので、半年複利での運用などでは、この表にある係数とは異なります。

　たとえば、現在の200万円を年利2%で20年間運用し続けていった場合に20年後に得ることができる元利合計金額は、表の $i = 2\%$、$n = 20$（年）が交差する係数（1.486）から、次のように求めることができます。

　　200 × 1.486 = 297.2（万円）

　なお、これはインフレ率の計算においても使えます。

さらに、経済成長率の長期予想、毎年1%で受け取り年金が増えていった場合10年後にはいくらの年金が受け取れるか、というような問いにも答えてくれます。

利率 年数	0.2%	0.4%	0.6%	0.8%	1.0%	2.0%	3.0%	4.0%	5.0%	6.0%
1	1.002	1.004	1.006	1.008	1.01	1.020	1.030	1.040	1.050	1.060
2	1.004	1.008	1.012	1.016	1.020	1.040	1.061	1.082	1.103	1.124
3	1.006	1.012	1.018	1.024	1.030	1.061	1.093	1.125	1.158	1.191
4	1.008	1.016	1.024	1.032	1.041	1.082	1.126	1.170	1.216	1.262
5	1.010	1.020	1.030	1.041	1.051	1.104	1.159	1.217	1.276	1.338
6	1.012	1.024	1.037	1.049	1.062	1.126	1.194	1.265	1.340	1.419
7	1.014	1.028	1.043	1.057	1.072	1.149	1.230	1.316	1.407	1.504
8	1.016	1.032	1.049	1.066	1.083	1.172	1.267	1.369	1.477	1.594
9	1.018	1.037	1.055	1.074	1.094	1.195	1.305	1.423	1.551	1.689
10	1.020	1.041	1.062	1.083	1.105	1.219	1.344	1.480	1.629	1.791
11	1.022	1.045	1.068	1.092	1.116	1.243	1.384	1.539	1.710	1.898
12	1.024	1.049	1.074	1.100	1.127	1.268	1.426	1.601	1.796	2.012
13	1.026	1.053	1.081	1.109	1.138	1.294	1.469	1.665	1.886	2.133
14	1.028	1.057	1.087	1.118	1.149	1.319	1.513	1.732	1.980	2.261
15	1.030	1.062	1.094	1.127	1.161	1.346	1.558	1.801	2.079	2.397
16	1.032	1.066	1.100	1.136	1.173	1.373	1.605	1.873	2.183	2.540
17	1.035	1.070	1.107	1.145	1.184	1.400	1.653	1.948	2.292	2.693
18	1.037	1.075	1.114	1.154	1.196	1.428	1.702	2.026	2.407	2.854
19	1.039	1.079	1.120	1.163	1.208	1.457	1.754	2.107	2.527	3.026
20	1.041	1.083	1.127	1.173	1.220	(1.486)	1.806	2.191	2.653	3.207
25	1.051	1.105	1.161	1.220	1.282	1.641	2.094	2.666	3.386	4.292
30	1.062	1.127	1.197	1.270	1.348	1.811	2.427	3.243	4.322	5.743

3 | 主要な係数（2）現価係数

終価係数とは逆に、あらかじめ一定期間後の金額と、それまでの1年あたりの増加ピッチ（運用利率）が決まっている場合に、**現在どれだけの金額が手元にあればいいかを示す係数**を 現価係数 と呼びます。

これは、住宅購入のための頭金や結婚式の費用といった、具体的な目標金額を達成するために現在必要な運用元本を求める場合に使います。

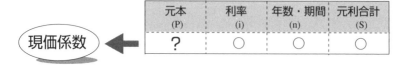

つまり『10年後までに1000万円貯めたいが、そのためには現在手元にいくらあればいいか。毎年の運用利率を年2.0％とする』といった問いに簡単に答えることを前提にしてあらかじめ計算されています。

たとえば上の例だと、i＝2.0％、n＝10（年）が交差するとこ

ろの 0.8203 という係数を利用して、820 万 3000 円という金額を求めることができます。

このほか①インフレの進行にともなって通貨の価値がどの程度目減りするか②現在一括して借り入れた通貨の価値がどの程度目減りするか――といった目的にも使えます。

利率 年数	0.2%	0.4%	0.6%	0.8%	1.0%	2.0%	3.0%	4.0%	5.0%	6.0%
1	0.9980	0.9960	0.9940	0.9921	0.9901	0.9804	0.9709	0.9615	0.9524	0.9434
2	0.9960	0.9920	0.9881	0.9842	0.9803	0.9612	0.9426	0.9246	0.9070	0.8900
3	0.9940	0.9881	0.9822	0.9764	0.9706	0.9423	0.9151	0.8890	0.8638	0.8396
4	0.9920	0.9842	0.9764	0.9686	0.9610	0.9238	0.8885	0.8548	0.8227	0.7921
5	0.9901	0.9802	0.9705	0.9609	0.9515	0.9057	0.8626	0.8219	0.7835	0.7473
6	0.9881	0.9763	0.9647	0.9533	0.9420	0.8880	0.8375	0.7903	0.7462	0.7050
7	0.9861	0.9724	0.9590	0.9457	0.9327	0.8706	0.8131	0.7599	0.7107	0.6651
8	0.9841	0.9686	0.9533	0.9382	0.9235	0.8535	0.7894	0.7307	0.6768	0.6274
9	0.9822	0.9647	0.9476	0.9308	0.9143	0.8368	0.7664	0.7026	0.6446	0.5919
10	0.9802	0.9609	0.9419	0.9234	0.9053	(0.8203)	0.7441	0.6756	0.6139	0.5584
11	0.9783	0.9570	0.9363	0.9161	0.8963	0.8043	0.7224	0.6496	0.5847	0.5268
12	0.9763	0.9532	0.9307	0.9088	0.8874	0.7885	0.7014	0.6246	0.5568	0.4970
13	0.9744	0.9494	0.9252	0.9016	0.8787	0.7730	0.6810	0.6006	0.5303	0.4688
14	0.9724	0.9456	0.9197	0.8944	0.8700	0.7579	0.6611	0.5775	0.5051	0.4423
15	0.9705	0.9419	0.9142	0.8873	0.8613	0.7430	0.6419	0.5553	0.4810	0.4173
16	0.9685	0.9381	0.9087	0.8803	0.8528	0.7284	0.6232	0.5339	0.4581	0.3936
17	0.9666	0.9344	0.9033	0.8733	0.8444	0.7142	0.6050	0.5134	0.4363	0.3714
18	0.9647	0.9307	0.8979	0.8664	0.8360	0.7002	0.5874	0.4936	0.4155	0.3503
19	0.9627	0.9270	0.8926	0.8595	0.8277	0.6864	0.5703	0.4746	0.3957	0.3305
20	0.9608	0.9233	0.8872	0.8527	0.8195	0.6730	0.5537	0.4564	0.3769	0.3118
25	0.9513	0.9050	0.8611	0.8194	0.7798	0.6095	0.4776	0.3751	0.2953	0.2330
30	0.9418	0.8871	0.8357	0.7874	0.7419	0.5521	0.4120	0.3083	0.2314	0.1741

4 主要な係数（3）資本回収係数

　この**資本回収係数**では、運用は一括して行うけれど、途中で一定の金額ずつ取り崩して、ある期間の後に残高をゼロにしたい、というときに**毎期どれだけ取り崩せるかをシミュレーション**できます。

　つまり「あらかじめ投下した資本を一定の利回りで回しながら一定の期間内に回収するためには、毎年どの程度の資金を回収すればいいのか」という意味ですから、この「資本回収」とは、貸し付けた側から見ての用語でしょうね。

貸出額 当初元本 (P)	利率 (i)	年数・期間 (n)	毎月受取額 (R)
○	○	○	?

 資本回収係数

　たとえば金融機関が1000万円の住宅ローンを貸し付けた場合、これを20年間で回収するためには毎年いくらずつの返済を受ければいいのかといった事例に使っています。

　たとえばローン金利（運用金利）を3％としましょう。
　この場合には、i ＝ 3％、n ＝ 20（年）が交差する係数（0.0672）から、毎年67万200円（1000万円×0.0672）の金額を回収すれ

ばいいことがわかります。住宅ローンを負っている側からすると、年67万2000円ずつを返済していけばいいということです。

さて、この計算を行うときに2つのパターンがあります。それは、第一回目の取り崩しを今すぐに行うのか、それとも起算日からちょうど一年を経過した時点で行うのか、という点です。今すぐにするのが「期首法」、一年後から計算するのが「期末法」です（上記は期末法）。

■ 期 末 法 ■

利率 年数	0.2%	0.4%	0.6%	0.8%	1.0%	2.0%	3.0%	4.0%	5.0%	6.0%
1	1.0020	1.0040	1.0060	1.0080	1.0100	1.0200	1.0300	1.0400	1.0500	1.0600
2	0.5015	0.5030	0.5045	0.5060	0.5075	0.5150	0.5226	0.5302	0.5378	0.5454
3	0.3347	0.3360	0.3373	0.3387	0.3400	0.3468	0.3535	0.3603	0.3672	0.3741
5	0.2012	0.2024	0.2036	0.2048	0.2060	0.2122	0.2184	0.2246	0.2310	0.2374
10	0.1011	0.1022	0.1033	0.1045	0.1056	0.1113	0.1172	0.1233	0.1295	0.1359
20	0.0511	0.0521	0.0532	0.0543	0.0554	0.0612	(0.0672)	0.0736	0.0802	0.0872
30	0.0344	0.0354	0.0365	0.0376	0.0387	0.0446	0.0510	0.0578	0.0651	0.0726

■ 期 首 法 ■

利率 年数	0.2%	0.4%	0.6%	0.8%	1.0%	2.0%	3.0%	4.0%	5.0%	6.0%
1	1.0000	1.0000	1.0000	1.0000	1.0000	1.0000	1.0000	1.0000	1.0000	1.0000
2	0.5005	0.5010	0.5015	0.5020	0.5025	0.5050	0.5074	0.5098	0.5122	0.5146
3	0.3340	0.3347	0.3353	0.3360	0.3367	0.3400	0.3432	0.3465	0.3497	0.3529
5	0.2008	0.2016	0.2024	0.2032	0.2040	0.2080	0.2120	0.2160	0.2200	0.2240
10	0.1009	0.1018	0.1027	0.1036	0.1045	0.1091	0.1138	0.1185	0.1233	0.1282
20	0.0510	0.0519	0.0529	0.0539	0.0549	0.0600	0.0653	0.0708	0.0764	0.0822
30	0.0343	0.0353	0.0363	0.0373	0.0384	0.0438	0.0495	0.0556	0.0620	0.0685

5 主要な係数（4）年金現価係数

　年金現価係数は、ある金額を**今後毎年一定の年数にわたって受け取るためには、一定の利率で運用できるとしてあらかじめいくら用意しておけばいいのか**、といった利用に応えることができる係数です。

　たとえば年金生活を想定される人が、毎年これだけの額を受け取りたいならば、それまでにいくら貯めておけばいいか、知ることができます。

貸出額 当初元本 (P)	利率 (i)	年数・期間 (n)	毎月受取額 (R)
？	○	○	○

年金現価係数 ←

　次の式によって計算されていて、考え方は資本回収係数の場合と同じです。

　たとえば、61歳以降80歳に至るまでの20年間、毎年250万円の生活資金が必要ですが、そのためには61歳の時点でいくら用意しておけばいいでしょうか。運用利率は年2％とします。

この場合には、i＝2%、n＝20（年）が交差する係数（16.351）から、4087万1750円（250万円×16.351）が必要なことがわかります（期末法による）。

このことを逆から見ると、毎年一定の金額を返済できる人は、最大限最初にどれだけの借り入れが可能か、という問いにも応えることができますね。

■ 期 末 法 ■

利率 年数	0.2%	0.4%	0.6%	0.8%	1.0%	2.0%	3.0%	4.0%	5.0%	6.0%
1	0.9980	0.9960	0.9940	0.9921	0.9901	0.9804	0.9709	0.9615	0.9524	0.9434
2	1.9940	1.9881	1.9821	1.9763	1.9704	1.9416	1.9135	1.8861	1.8594	1.8334
3	2.9880	2.9762	2.9644	2.9526	2.9410	2.8839	2.8286	2.7751	2.7232	2.6730
5	4.9701	4.9406	4.9112	4.8822	4.8534	4.7135	4.5797	4.4518	4.3295	4.2124
10	9.8909	9.7835	9.6778	9.5737	9.4713	8.9826	8.5302	8.1109	7.7217	7.3601
20	19.5861	19.1841	18.7936	18.4142	18.0456	16.3514	14.8775	13.5903	12.4622	11.4699
30	29.0895	28.2168	27.3801	26.5776	25.8077	22.3965	19.6004	17.2920	15.3725	13.7648

■ 期 首 法 ■

利率 年数	0.2%	0.4%	0.6%	0.8%	1.0%	2.0%	3.0%	4.0%	5.0%	6.0%
1	1.0000	1.0000	1.0000	1.0000	1.0000	1.0000	1.0000	1.0000	1.0000	1.0000
2	1.9980	1.9960	1.9940	1.9921	1.9901	1.9804	1.9709	1.9615	1.9524	1.9434
3	2.9940	2.9881	2.9821	2.9763	2.9704	2.9416	2.9135	2.8861	2.8594	2.8334
5	4.9801	4.9603	4.9407	4.9213	4.9020	4.8077	4.7171	4.6299	4.5460	4.4651
10	9.9107	9.8226	9.7358	9.6503	9.5660	9.1622	8.7861	8.4353	8.1078	7.8017
20	19.6253	19.2608	18.9063	18.5615	18.2260	16.6785	15.3238	14.1339	13.0853	12.1581
30	29.1477	28.3297	27.5444	26.7902	26.0658	22.8444	20.1885	17.9837	16.1411	14.5907

6 | 主要な係数（5）年金終価係数

年金終価係数は「毎月10万円ずつ、利率が1.5％の金融商品で積み立てていけば、15年後にはいくらになっているだろう」などという問いに答えるときに使います。

毎次積立額 (R)	利率 (i)	年数・期間 (n)	元利合計 (S)
○	○	○	?

→ 年金終価係数

積立は定期的で、毎回の積立金額も一定であるという前提に立って次の計算式によって弾き出されています。

たとえば毎年60万円ずつ年3％で複利運用していくことができれば、10年後にはいくらになっているでしょうか。

この場合には、i＝3％、n＝10（年）の交差している係数（11.464）から、687万8400円（60万円×11.464）となります。

年6％で複利運用していくことができれば10年後にはいくらになっているでしょうか。

i＝6％、n＝10（年）の交差している係数（13.181）から、60万円×13.181＝790万86000円ですね（いずれも第1回目の積み立ては起算日から1年後に行うという期末法による）。

■ 期 末 法 ■

利率 年数	0.2％	0.4％	0.6％	0.8％	1.0％	2.0％	3.0％	4.0％	5.0％	6.0％
1	1.0000	1.0000	1.0000	1.0000	1.0000	1.0000	1.0000	1.0000	1.0000	1.0000
2	2.0020	2.0040	2.0060	2.0080	2.0100	2.0200	2.0300	2.0400	2.0500	2.0600
3	3.0060	3.0120	3.0180	3.0241	3.0301	3.0604	3.0909	3.1216	3.1525	3.1836
5	5.0200	5.0402	5.0604	5.0806	5.1010	5.2040	5.3091	5.4163	5.5256	5.6371
10	10.0905	10.1819	10.2744	10.3678	10.4622	10.9497	11.4639	12.0061	12.5779	13.1808
20	20.3846	20.7786	21.1821	21.5955	22.0190	24.2974	26.8704	29.7781	33.0660	36.7856
30	30.8865	31.8068	32.7623	33.7545	34.7849	40.5681	47.5754	56.0849	66.4388	79.0582

■ 期 首 法 ■

利率 年数	0.2％	0.4％	0.6％	0.8％	1.0％	2.0％	3.0％	4.0％	5.0％	6.0％
1	1.0020	1.0040	1.0060	1.0080	1.0100	1.0200	1.0300	1.0400	1.0500	1.0600
2	2.0060	2.0120	2.0180	2.0241	2.0301	2.0604	2.0909	2.1216	2.1525	2.1836
3	3.0120	3.0241	3.0361	3.0483	3.0604	3.1216	3.1836	3.2465	3.3101	3.3746
5	5.0301	5.0603	5.0907	5.1213	5.1520	5.3081	5.4684	5.6330	5.8019	5.9753
10	10.1107	10.2227	10.3360	10.4507	10.5668	11.1687	11.8078	12.4864	13.2068	13.9716
20	20.4254	20.8617	21.3092	21.7683	22.2392	24.7833	27.6765	30.9692	34.7193	38.9927
30	30.9482	31.9340	32.9588	34.0245	35.1327	41.3794	49.0027	58.3283	69.7608	83.8017

巻末資料

7 主要な係数（6）
減債基金係数

減債基金係数は、一定期間後に一定の金額をためるために、毎年定期的にどの程度の貯蓄を行なえばいいのかを算出するために用いられる係数です。

	毎次積立額 (R)	利率 (i)	年数・期間 (n)	元利合計 (S)
年金終価係数 ←	?	○	○	○

考え方は前項の年金終価係数の逆。もちろん運用に際しては複利の考え方で計算されています。

$$\text{n 期間継続して支払われる毎期支払額} = \text{n 年後の元利合計} \times \frac{i}{(1+i)^n - 1}$$

たとえば、10年後に家を建てるために2000万円をためるには、毎年定期的にいくらずつ貯蓄していけばいいでしょうか。運用利率は2%とします。これを求めるためには、i = 2%、n = 10（年）の交差する個所に見出される係数（0.09133）を利用すればいいのです。

つまり、毎年182万6600円（2000万円× 0.09133）ずつ積立貯蓄していけばいいわけですね。

■ 期 末 法 ■

利率 年数	0.2%	0.4%	0.6%	0.8%	1.0%	2.0%	3.0%	4.0%	5.0%	6.0%
1	1.0000	1.0000	1.0000	1.0000	1.0000	1.0000	1.0000	1.0000	1.0000	1.0000
2	0.4995	0.4990	0.4985	0.4980	0.4975	0.4950	0.4926	0.4902	0.4878	0.4854
3	0.3327	0.3320	0.3313	0.3307	0.3300	0.3268	0.3235	0.3203	0.3172	0.3141
5	0.1992	0.1984	0.1976	0.1968	0.1960	0.1922	0.1884	0.1846	0.1810	0.1774
10	0.0991	0.0982	0.0973	0.0965	0.0956	(0.0913)	0.0872	0.0833	0.0795	0.0759
20	0.0491	0.0481	0.0472	0.0463	0.0454	0.0412	0.0372	0.0336	0.0302	0.0272
30	0.0324	0.0314	0.0305	0.0296	0.0287	0.0246	0.0210	0.0178	0.0151	0.0126

■ 期 首 法 ■

利率 年数	0.2%	0.4%	0.6%	0.8%	1.0%	2.0%	3.0%	4.0%	5.0%	6.0%
1	0.9980	0.9960	0.9940	0.9921	0.9901	0.9804	0.9709	0.9615	0.9524	0.9434
2	0.4985	0.4970	0.4955	0.4941	0.4926	0.4853	0.4783	0.4713	0.4646	0.4580
3	0.3320	0.3307	0.3294	0.3281	0.3268	0.3203	0.3141	0.3080	0.3021	0.2963
5	0.1988	0.1976	0.1964	0.1953	0.1941	0.1884	0.1829	0.1775	0.1724	0.1674
10	0.0989	0.0978	0.0967	0.0957	0.0946	0.0895	0.0847	0.0801	0.0757	0.0716
20	0.0490	0.0479	0.0469	0.0459	0.0450	0.0403	0.0361	0.0323	0.0288	0.0256
30	0.0323	0.0313	0.0303	0.0294	0.0285	0.0242	0.0204	0.0171	0.0143	0.0119

[著者]
角川総一（かどかわ・そういち）

1949年大阪生まれ。北野高校から京都大学文学部に進む。1973年、中退。

1975年8月から1985年まで債券専門新聞(公社債新聞、日本債券新聞＝いずれも現在はなし)の記者として債券市場の自由化の歴史をつぶさに取材。主に分析、解説記事を発表。わが国における債券流通市場の草創期に立ち会えたことはとても幸運だったと思う。

専門新聞社を退職・独立後はビジネス雑誌、金融業界誌、マネー誌等で多くの金融・経済、マネー記事を投稿、連載。同時に、経済、金融、投資（債券、株式、為替、金利・利回り計算）の啓蒙書のほか通信教育用テキストを多数執筆。2000年ごろからは啓蒙的な記事に加え、金融評論なども新聞、雑誌、経済誌のWebサイトなどに発表し始める。

1990年ごろ、マッキントッシュ（Mac）に出会ったことをきっかけに、投資信託（個別ファンド）のデータベースを本格的に作成。(株)金融データシステムを設立、わが国初の投資信託データブックを刊行。さらに個別ファンドのパフォーマンスについてのチャート集を作成・発行するなど投信の評価活動を日本で初めてスタート。大手証券4社並びに投信会社、メガバンク、金融情報ベンダー、大学の研究室にもデータを継続的に提供した。が、外資系並びに新聞社系の大手が投信評価の分野に本格進出してきたことで2008年ごろ、投信のデータ分析業務からは撤退。

一方、独立してからは金融機関、経済諸団体、金融教育機関、各種FPセンター等で多くの研修・講演に携わる。主なテーマは経済・金融メカニズム、マーケット感覚養成のための基礎スキル。経済・金融リテラシー向上のために独自で開発した「4K1Bの図」を使った連想ゲームならびに実際の日経新聞を用いたデータウオッチングの学習プログラム、さらには各種データを駆使した経済、投資分析技法は好評を博している。常に念頭に置いているのは「仮説を立てる」「実証データで検証する」「経済現象を連想的に見る」「データを定点観測する」「メディア情報のバイアスを見抜くために最低限の経済・金融データ検索能力を持つ」こと。
主な著書に、「経済の動きが100％わかるようになる！金利のしくみ見るだけノート」（宝島社）、「金融データに強くなる投資スキルアップ講座」（日本経済新聞社）、「日本経済新聞の歩き方」(ビジネス教育出版社)等がある。

過去の主な講演・研修などの経歴
金融広報中央委員会年次総会ゲストスピーカー（日本銀行）／野村證券FP研修講師／東京商工会議所／常陽銀行／十八銀行／八十二銀行／北国銀行／岩手銀行／千葉銀行／阿波銀行／横浜銀行／宮崎銀行／静岡銀行／スルガ銀行／福岡銀行／百五銀行／伊予銀行／りそな銀行／四国銀行／西日本シティ銀行／紀陽銀行／福岡信連／静岡信連／全国信用金庫協会／北海道信用金庫協会／文京女子大学／ダイヤモンドZAI発刊記念講演会シンポジウムパネラー／金融財政事情研究会３５周年記念シンポジウムパネラー／経済企画庁・全国消費者問題国民会議シンポジウムパネラー／名古屋市立大学主催・年金を考えるシンポジウムパネラー／明治大学公開講座等

決定版　金利が上がるとどうなるか
2024 年 9 月 30 日 初版発行

著者　　　角川総一
発行者　　石野栄一
発行　　　明日香出版社
　　　　　〒 112-0005 東京都文京区水道 2-11-5
　　　　　電話 03-5395-7650
　　　　　https://www.asuka-g.co.jp
デザイン　大場君人
組版協力　末吉喜美
印刷・製本　中央精版印刷株式会社

©Soichi Kadokawa 2024 Printed in Japan
ISBN 978-4-7569-2363-9
落丁・乱丁本はお取り替えいたします。
内容に関するお問い合わせは弊社ホームページ（QR コード）からお願いいたします。

併読オススメ

本書と同時発売。今の世界経済と私たちの財布のつながりまでが見えてくる

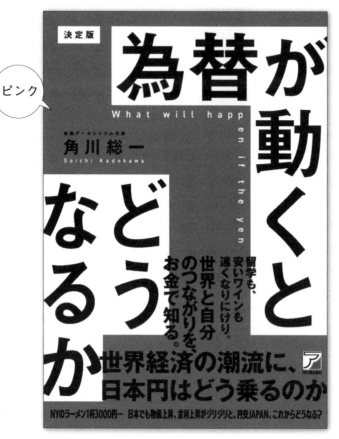

序章　為替が身近になってきた
1章　為替の基本のキホン
2章　為替を実感する
3章　為替が動くメカニズムを徹底理解する
4章　円ドル相場だけで為替を語るな
5章　為替データを読みこなす
6章　これからどうなる為替と経済

ISBN978-4-7569-2364-6
A5 並製　本体1750円